2016年旅公演『ヨイショ、コラショ』

2021年旅公演『うたうように』

2014年旅公演『虹をわたって』

2022年旅公演『ゆりあげ』

ドリームタイム

野外劇団楽市楽座 明日を占う投げ銭の旅

はじめに

この本を手に取ってくださった皆さん。ほんまに、ほんまにおおきに！

どんな人が手にしてくれてはるんやろう。楽市楽座の芝居を見て興味が湧いた人、長年見てくれてる人、噂に聞いてたでとゲットしてくれた人、たまたま出会ってくれた人。色々いてはるやろうなあ。この本を買って、読み始めてくれてるなんて、ほんまに嬉しすぎる。

あたしは旅芸人や。野外劇で全国各地を回りながら、皆さんの投げ銭で生きてきた。なんとありがたいことやろう。訛ってるからわかると思うけど、あたしの拠点は大阪で、十三と書いて「じゅうそう」と読むとこに家がある。それをほっぽらかして、二〇一〇年から、家族三人で全国旅公演を始めた。芝居バカ夫婦のあたしらが「芝居で生きる」夢にチャレンジしたかったからや。当時、一人娘の萌は九歳。まだまだ親と一緒にいたい年頃で、楽市楽座の芝居が大好きやったから、劇団員になって一緒に旅した。

いちかばちかの全国旅公演やったのに、あっという間に十年。十八歳になった萌がまさかの結婚。婿の祐之助が入って家族四人の旅劇団に。その若夫婦が二〇二二年に巣立って、夫婦二人で全国を旅するようになった。はたと気付けば、今年で十五周年や。

芝居もそうやけど、旅にも魔力がある。初めての旅に出る前、あたしらはまず四月から十二月まで、全国三十四カ所を回ると決めた。どこに行くかは真っ白け。なんのアテもない。それから、あらゆる知り合いに声をかけて、各地で協力、応援してくれる受け入れさんを探した。手をあげてくれる人がいたら、どこにでも会いに行く。真冬の北海道に行ったのもあの時が初めてや。長山は沖縄に飛んだ。

幸いにして、投げ銭の野外劇で全国を旅したいと言う、あたしらの無謀な夢を面白がってくれる人たちが、あちこちにいてはった。一気に出会いが広がって、公演会場が見つかっていく。それでなんとか二十四カ所までは目処がついた。残りの十カ所は、ネットを頼りに、自力で会場と協力者を探していく。それでなんとか予定通り、全国三十四カ所のスケジュールが決まった。

最初の旅で回ったのは、岡山、鳥取、広島、福岡は北九州、長崎の佐世保。そこからビューンと四国の徳島に戻って、滋賀は大津、名古屋、福井、京都、神戸、高松。ドーンと北上して金沢、長野、福島、仙台、秋田。北海道は札幌、深川、紋別。船で千葉に戻って、東京。遠路はるばる南下して福岡、戻って大阪。四国の高知、愛媛から再び九州の大分、宮崎、鹿児島。最後が沖縄のコザ、大宜味村、宜野座村、うるま、金武町。沖縄に着いてから追加公演した今帰仁、那覇。この三十六カ所を、舞台の材を積み込んだ一トントラックと、家財道具と楽器を詰め込んだハイエースの二台で駆け抜けた。

あたしらは、毎年新作をつくって、各地を移動しながら上演を続ける。作・演出・音楽は座長の長山現。芝居で生きるに不可欠なのは家内工業。何から何まで自分らの手で作り上げる。スタッフもおらんから、照明は据え置き。生演奏しながら芝居したり、唄ったり、踊ったり。野外円形劇場も長山の設計で、水の上でクルクル回る盆舞台も長山の発明や。

それを、皆さんにぐるりと囲んでもうて、お配りした折り紙にお気持ちを包んでねと言うて、「ええな」、「面白い」、「がんばれ！」いう時に、折り紙投げ銭を自由に投げてもうてる。

公演しに行く地域には、頼もしき受け入れさんたちが、あたしらが行くのを待っててくれて、「今年も来るよー！」とチラシを巻いたり、ＳＮＳで告知してくれる。劇中にゲスト出演してくれる地元のパフォーマーの人らも楽しみに待っててくれる。そやから、たった二人の旅劇団やのに、公演現場は賑やかや。

その場が全部借景になった夜空の下は、開放的で気持ちがええ。舞台に現れる登場〃珍〃物は小さな生き物たち。長山の詩的でお茶目、シュールな現代神楽劇を好きな人が集まって見てくれる。雨が降った時には、客席の上に竹とブルシートで屋根を造る。舞台の上には屋根がないから、あたしらはずぶ濡れになったりするけど、なぜかそんな雨公演がむちゃくちゃ盛り上がったりするから不思議なもんや。突然、雨がバラバラーっと降ってきたりすると、お客さんがゲラゲラ笑ったりする。野外は、そんな自然効果があるのがおもろいねん。

今はキャンピングカーやけど、長らく楽屋テントなるものを劇場の横に建てて旅暮らしをしてた。芝居も野外劇やし、旅中はずっと外にいたわけや。風も吹けば雨も降る。台風で楽屋テントが壊れたのも二度、三度。こんな暮らしをしてると、自然には勝たれへんのがようわかる。土も石も木も空も雲も虫やらも、イノチは一緒に生きてると感じる。

寒い時期は、十三の家に帰って冬ごもり。次の新作を準備する農閑期に入る。その期間に、また夢膨らませて、みんなで楽しめるひと時を目指していく。全国を走り回る、舞台の材を積み込んだトラックと楽屋車も、農閑期にはしばし休憩。車検に出したり、オイル交換したり、掃除したり。あれこれメンテナンス。この時期には、劇場の材の修復をしたり、改良したりもする。

この本『ドリームタイム』は、十五周年旅公演の新作タイトルにちなんだ。楽市楽座のすべてをまとめた記念本や。巻末には、長山現の代表作『金魚姫と蛇ダンディー』の上演台本も収録した。あたしがこれを書き初めたのは、去年の旅公演『炎の鳥』が終わって帰阪した十二月から二月にかけて。投げ銭の旅公演は、目の前の火の粉を振り払うようにしてやってきたから、月日を味わってる暇がなかった。しかし、いざ振り返ってみたら、えらい長い年月やったとびっくりした。旗揚げしてから三十三年いうのも、自分らのことながら驚き桃の木山椒の木。ついでに、あたし自身のことも振り返ったら、まさに光陰矢の如し。長山も含め、ほんまにたくさんの人に助けられて生きてこれたんやなあと、しみじみする。

古今東西、出会ったすべての皆さんに感謝を込めて、この本を捧げたい。

お初にお目にかかる方も、馴染みの方にも、あたしらの珍道中をお楽しみいただけたらこれ幸い。さあ、ここからいよいよ〝ドリームタイム〟の幕開けや。

どうぞ最後まで、ごゆっくりお付き合いください。

2022年旅公演『ゆりあげ』

2022年旅公演『ゆりあげ』

2021年旅公演『うたうように』

2016年旅公演『ヨイショ、コラショ』

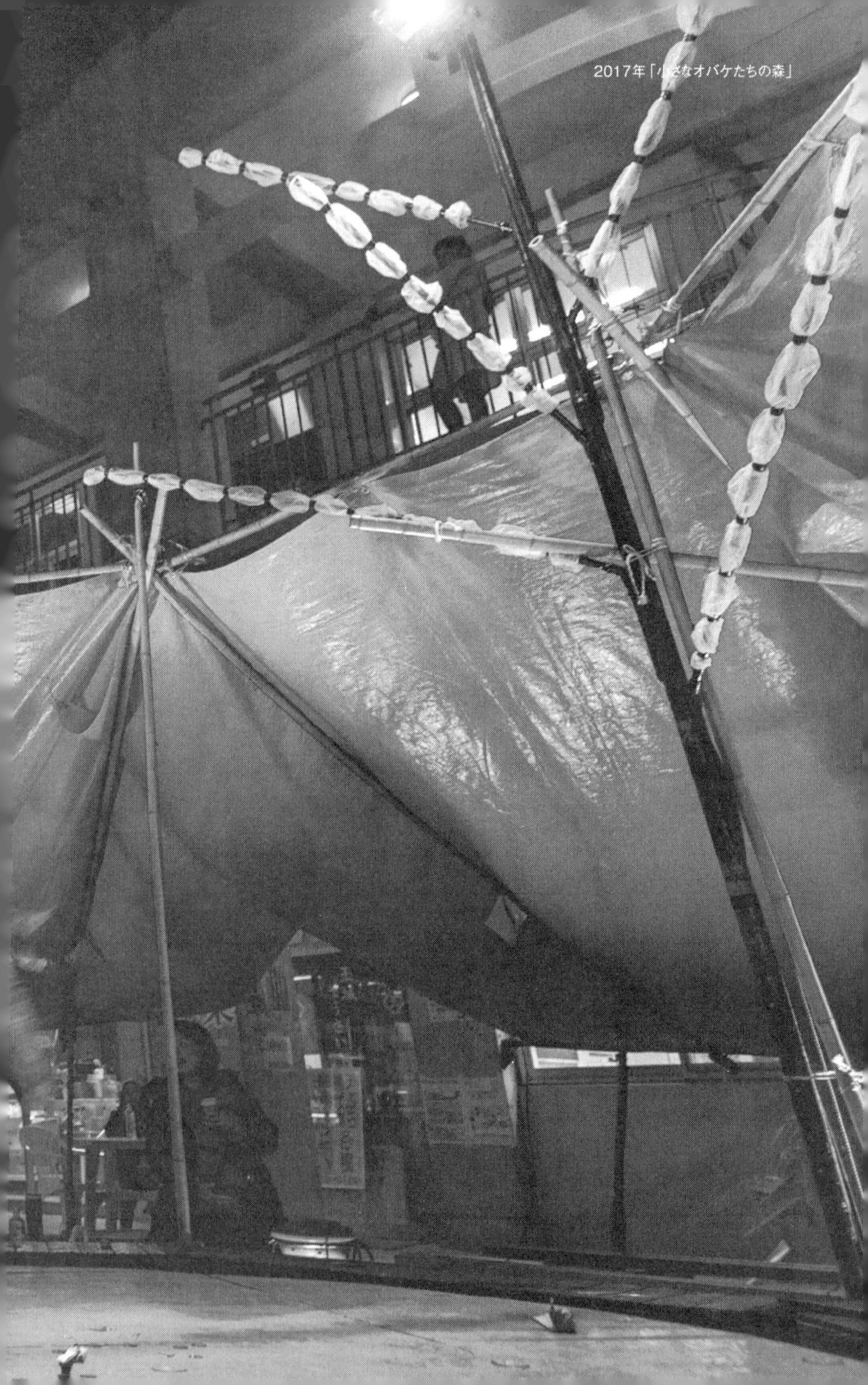
2017年「小さなオバケたちの森」

目次

第五章　旅十年目で家族が四人に！

第六章　夫婦で生きるドリームタイム

私のドリームタイム

上演台本　金魚姫と蛇ダンディー

舞台写真は全国各地のお客さんからいただいたものを使わせていただきました。

第一章　長山との出会い

寅さんに恋したあたし

あれは一九九七年。あたしはワケありの女やった。三十一歳でバツイチ。医学系出版社勤務、彼氏なしの一人暮らし。仕事仕事の毎日で週に一、二回は出張が入る。春には、熊本、東京、仙台で桜が見れてしまったやんか。関西小劇場でフリーの役者をしてたけど、最近は出演依頼がない。

「はあ、なんか死んでるみたいや」と溜息つきながら生きてた。一人でビールを呑んでも寂しい。見たいテレビ番組もないし、読むべき台本もない。夜の暇つぶしは、もっぱらレンタルビデオの映画鑑賞やった。

そんなある日、ビデオ屋さんで『男はつらいよ』が目に入った。ずらりと棚に並ぶシリーズ全四十八巻は壮観や。試しに一本見たら、寅さんにハートを射抜かれてしまった。なんてワケありの女に優しいんや。マドンナがあたしにしか見えへん。笑うシーンやのに泣けてしまう。めっちゃ慰められたけど、全部見終えたら、また寂しくなってきた。新幹線から田舎の風景を見ると、そこに寅さんがいるような気がする。休みで家にいると、「よお！」て来てくれたらええのになあと夢見てしまう。

そんなある朝、「寅さんに会いたくて」という呟きで目が覚めた。その言葉が胸いっぱいに響きわたる。そうや、これは芝居のタイトルや。これで芝居が作れるで。会いたければ自分で会えばええんや。あたしがマドンナになったらええんや。

その日から虚しさは消え去った。猪突猛進で台本を書く。物語の主人公は、リリーって名乗ってる寅さん好きの水商売の女や。旅先で、寅さんみたいな〝大次郎〟に出会ってええ感じになるんやけど、すれ違いばっかり。最後はあきらめて、寂しく一人で旅立つねん。

着いた先は、どこまでも広がるひまわりの花畑。そこで大次郎とまさかの再会。そいでハッピーエンドになるっていう、完璧なオマージュ芝居や。オマージュやから、満男みたいな若者も登場すんねん。新婚ながら、早くも倦怠期を迎えてる。元気すぎる新妻のほうは愛情いっぱいやけど、二人の喧嘩がいちいち騒がしい。そいで、笹野高史さんのようなすご腕〝ワンシーン役者〟の登場も欠かされへん。スナックで働くリリーに悪さして、大次郎との出会いのきっかけを作る悪役や。

よし、これを作・演出・主演、佐野キリコでやろう。知り合いの役者に台本を送って出演を頼んだら、みんな喜んで引き受けてくれた。ワンシーンの悪役は、関西小劇場界の名優、秋月雁さんや。公演は一年後。上演する小屋の予約もした。スタッフも決めた。でも、肝心の大次郎を頼む人が思いつかへん。そりゃあそうや。寅さんみたいな人、そうそうおらんわなあ。でも、見つけんことには芝居にならん。とりあえず、あちこちに客演してた友達に電話で相談してみた。

「へえ、ええタイトルやん。そんな役やったら、楽市楽座の長山現さんがぴったりやで」

「え？　長山さんって作・演出家やろ？　役者もやんのかなあ」

「やるよ。最近は作演ばっかりやけど、前は自分も出てはったで。聞いてみたら？」

「楽市楽座めっちゃ好きやけど、あたしのはぜんぜん違うタイプの芝居やねんで。それに、あんまりちゃんと喋ったことないねん」

「いや、ぴったりやって。聞いてみ」

なるほど、また長山さんか。

なんでいっつも長山さんを薦められるんやろう。「本書いて上演するんやったら、長山さんに演出を頼んだらええよ」、「入る劇団探してるんやったら、楽市楽座がええよ、長山さんは役者使うの上手やで」。再びその声が蘇る。これって三度めの正直か？　この流れやったらもう頼むしかないやん。とにかく電話してみよう。

「嬉しいなあ。オレ、役者で呼ばれるなんて初めてなんだよね。ぜひ台本を送ってください」

あまりにもええ反応や。『男はつらいよ』も好きみたい。それに、すごく話しやすい。だけど、あの楽市楽座の長山さんに面白いと思ってもらえるかは自信ないなあ。

あたしは期待せずに台本を送った。でも、すぐに電話がかかってきた。

「読んだよ。いい本じゃないですか。こんな大役で声をかけてもらって光栄です。ぜひやらせてください」

「ほんまですか。わあ、良かった。こちらこそです。ぜひよろしくお願いします！」

楽市楽座に入ってもうた

これが縁の始まりやった。この日を境に、芝居を見に行くたびに長山に出会ってしまう。まるで約束したみたいに。なんでやろう。びっくりするけど、会えば話が弾んで『寅さんに会いたくて』の相談もできてしまうやんか。

「大次郎の衣装をどうするか悩んでるんですよ。やっぱりスーツに腹巻かなあ」

「そういうの探すならいいとこ知ってるよ」

「ほんまですか」

「うちの衣装を探す時によく行くんだよね。ちょっと歩くけど面白いとこだよ」

「行きます！　教えてください」

「試着もしたほうがいいよね。なんなら一緒に行こうか？」

長山はやる気満々でことごとく協力的や。早速、その週末に衣装探しに付き合ってくれることになった。待ち合わせ場所に行くと、すでに長山が待ってる。ウソみたい。あたしっていっつも待たされるのに。

「わあ、早いですね」

「オレ、約束は守るんだよね。信頼は時間を守ることから始まるから」

長山は当時、楽市楽座を主宰しながら「クワガタ工芸社」ていう自営の看板職人をしてた。さすが親方や。がっつり信頼できる。

「ありがとうございます。店に行く前に回転焼き食べません？　おごります！」

「あはは。いいよ。食おうか」

その日は風があって寒かった。二人で歩きながら食べたほかほかの回転焼きはすごく甘くて美味しかった。イメージに合うスーツは見つからんかったけど、歩きまわって話すうちに、違うイメージが湧いてきた。なんでやろう。一緒にいるとあっという間に時間が過ぎる。あたしとはぜんぜん違うだけに、いろんなことが新鮮で面白ろすぎる。でも、妻と小学生の息子が二人いてはんねんで。こんなに親しくしてて大丈夫かな。いやいや、別に恋愛感情をもってるわけじゃないし、楽しいのは芝居のことがいっぱい話せるからや。そこは適当な距離をとれば大丈夫。

でも、楽市楽座には入ろうかな。主演女優のうでまくり洗吉《あらきち》さんが亡くなってしまったし、あたしが入る隙間があるんちゃうやろうか。きっと、軸になる女優を求めてはる。前かて、あたしが主演した芝居を見て「キリコさん、脂が乗ってるね」て言うてくれはったやんか。

その年の暮れ、心斎橋に芝居を見に行ったら、またしても客席に長山がいる。

「また会っちゃったね」

見終わってから二人で居酒屋に呑みに行った。初めての酒の席で、楽市楽座の話をたくさんしてくれる。あたしは、今がチャンスと想いを口にした。

「実は、楽市楽座に入りたかったりするんですよね」

「いいよ」

「え？　そんな即決でいいんですか？」

「うちは来るもの拒まずだからさ。みんなにはオレが話すし」

呆気にとられた。たった一言で劇団員になってしまった。あたしは心の中で「バンザイ！」と叫んでた。長山とわかれて地下鉄に乗り込んでも、心はまだ弾んでる。

長山は「ほんとは芝居で食っていきたいんだよね」と初めて口にした人やった。今までそんな人おらんかった。やっと同志に会えた気がした。それに、来年から芝居の稽古ができる。劇団やからずっと稽古できるんやで。あたし、どうせやるなら、楽市楽座に骨をうずめるつもりでがんばりたい。

リリーのテーマ

水曜日の夜は楽市楽座の通常稽古の日や。毎週、稽古があるなんて、劇団ってやっぱり素晴らしい。十九時過ぎから皆がぼちぼち集まってきて、肉体訓練と発声、エチュードを二時間かけてやる。稽古が終わると、安い居酒屋に寄って呑んで帰る。ワケありの女やったあたしは猛烈に生き返った。

水曜になると仕事をほっぽらかして、十九時には稽古場にいた。でも、一番乗りはいっつも長山や。

ある日、稽古場のドアを開けるとギターを弾いてた。

「すごい。めっちゃええ曲ですね」

「昨日、作っちゃったんだよね」

「すごくロマンチックです」

「これ、『寅さんに会いたくて』のリリーのテーマ曲なの。どうかな?『男はつらいよ』でもマドンナのテーマ曲があるでしょ」

口がぽかんと開いた。桜が満開になったみたいに胸が桃色に染まる。

「夢みたい!」

あたしは飛び上がって喜んだ。リリーのテーマは、波をうつようなメロディがワケありの女心の揺れになってる。切なく、甘やかな恋の唄や。長山さんって心は乙女なんやなあ。芝居を書いて演出するだけじゃなくて、作曲までできるんや。ギターでソロ演奏もしてしまうなんてほんまにすごい。心がうっとりしてしまう。

こんな名曲もできたんやし、CD作れたらええのになあ。そうや、南森町の「T-SAX」に行って高見さんに相談してみよう。マスターの高見延彦さんは、八代亜紀さんとか、プロ歌手のバックでテナーサックスを吹いてたジャズマンや。カウンターの中で吹きはるサックスが男のため息みたいでかっこええ。

「キリコさん、それはええアイディアやわ。ぜひやったらええと思う。僕、協力しますよ」

「え、ほんまにできますか?」

「できるよ。ちょっとお金かかるけどな。僕がサックス吹きますやん。劇中で唄いたい曲の伴奏も作れるし。芝居で使える音源ができますよ。リリーのテーマも長山さんのギターで入れたらよろしいやん。録音はうちでやったらええし。音の編集もやりますし」

「すごい。うわあ、作りたいわあ、ＣＤ！」

「やりましょ、やりましょ。作れるツテはありますし。ええのんできますよ」

「そんな夢みたいなことできるんですね。ぜんぜん知らんかった」

「そやけど、ちょっと高いですよ。万を超えて大台に乗りますわ」

「そんなに⁉」

「ジャケットのデザインを自分でしたとしても、僕らの人件費と、印刷代とプレスと包装がありますやろ。既成の曲を使うんやったら著作権料も払わんとあかんし。そやけど、堂々と出せるＣＤができますよ」

「ひえ〜、た、高いわ〜」

値段を聞いて二の足を踏んでもうた。「帰ってもう一回考えます」とは言うたけど、あかん、作ってまうわ。経費は人件費がほとんどやろうけど、あんだけやってもらうんやから当たり前や。高見さんがサックス吹いてくれるなんてありがたいやんか。芝居は赤字で上等や。あたしがやんねんから好きにしたらええねん。家に着いた時には覚悟が決まってた。「よし、あたしなりに羽ばたくのだ！」そう思いながら、マンションの扉を意気揚々と開けた。

開かない扉の鍵

次の日、早速、長山に電話した。

「せっかくやから、唄でも参加してほしいんです。リリーと大次郎のデュエットを録りたいんです。どうですかね」

「へえ、CDまで作っちゃうのか。楽しそうだね。ギターも録音してくれるなんて嬉しいなあ」

長山は、二つ返事で引き受けてくれた。

「でもさ、音楽って結局、著作権が付いて回るから嫌なんだよね。楽市楽座が音楽をオリジナルにしてるのはそれもあるんだけど、今回のCDは、プロが手続きしてくれるから安心して作れるね」

「そうなんです。T-SAXの高見さん、面白くてええ人ですよ。録音する前に顔合わせできたら嬉しいんで、また一緒に行きましょね」

「いいよ」

電話を切って「よっしゃ」とガッツポーズをとる。

いや、ちょっと待てよ。『寅さんに会いたくて』って、ひょっとして松竹の上演許可をとらなあかんのちゃうか？　でもそれはハードルが高いやん。だけど「ぴあ」にも載せたいし。もしなんか言われたらそこでぽしゃるかもしれん。そんなん嫌や。しょうがない。調べて問い合わせるか。あたし、ちゃんとやりたいんやもん。誠意をもって伝えれば、きっとわかってもらえるはずや。

ところが、松竹の対応は最悪やった。

「あのねえ、どういうことを頼まれてるかわかってますかあ？　寅さんの著作権ってねえ、そんなもの、いくらかかると思ってるんですかあ？　まあ、はっきり言って、その上演は無理ですねえ」

お前はヤクザか。冷笑まじりで言われてむかっ腹が立った。アマチュア演劇やて説明しても鼻にもひっかけてくれへん。とりあえず「検討します」言うて電話を切った。しかし、ここで諦めるわけにはいかん。電話した先が間違ってたんかもしれん。あたしはもういっぺん、どこに問い合わせたらいいか聞いて、松竹の版権部にアタックした。すると、今度は検討してもらえることになった。良かった。これならきっと大丈夫や。急いで資料と台本を送ったら、ちゃんと連絡がきた。

「版権部とプロデューサーはほぼＯＫでしょう。あとは山田監督さえよければ許可が出せますよ」

「ありがとうございます。どうぞよろしくお願いします」

よっしゃ！　山田監督にもちゃんと話してくれるんや。きっと、あともうちょっとや。

ところがその後、今まで話してない人からファックスが入った。

「上演の件は、監督に聞くまでもなく、許可できません。映画からの引用が多いですし、タイトルに寅さんが入ってるのもまずいです。タイトルを変更して、台本から寅さんを抜いてください。主人公が会いたい人物を寅さんとわからないようにしてもらえれば許可できます」

そういう内容やった。なんでやねん。ほんならいちいち許可とる必要ないやんか。『寅さんに会いたくて』をやりたくて奮闘努力してんのに。松竹の寅さんが好きやからこんな芝居を書いたのに。そりゃあオリジナルがええに決まってるけど、あたしの場合はオマージュやからこの芝居ができてもうてん。しかも赤字上等でやってんねん。それがそんなに悪いことなんか？　あたしかて出版社で著作権の仕事してるけど、あくまで版権を守るってことや。他社が改編出版するとかやったら問題やけど、あとは出典を明記すればええってことにしてるし、それが普通や。先週はほぼＯＫですって言うとったやんか。いつの間にこんな話にひっくり返ってもうたんや。映画はあんなに優しいのに、松竹はちょっと冷酷非情ちゃうか。いったいどうしたらええねん。ああ腹が立つ。

長山さんに相談してみようかな。でも、「どうにもならないから止めるか、黙ってやるか、決めるしかないね、よく考えてみて」て言われて終わりかもしれん。いや、それでも話はしとこう。どうするにしても、話さんわけにはいかんわ。

「それって、おかしいよねえ。プロとアマチュアではぜんぜん違うんだからさあ。こっちは儲けなんかないわけだし。だいたい著作権っていうのは理不尽なことだらけなんだよ。せっかく誠意をもって問い合わせたのにねえ。でも、諦めることないよ。やったらいいし、やろうよ。気にしなくて大丈夫だから」

「でも、問い合わせた分、やってバレたら不利になるだけですよねえ」

そしたら長山は、著作権の問題点をとうとうと語り始めた。こんなことは始めてやったから、耳をダンボにして聞く。いつもは用件を話すだけであっさり終わるのに、こっちが遠慮するほど長電話になってしまう。まさか、ここまで親身になってくれるとは思わんかった。でも、いくら話しても、なんとか許可がとれんもんかとこだわってしまう。

「だったらさ、山田監督に頼んでみたらいいんじゃない？」

「は？　監督にですか？　あの、いったいどうやって？　連絡先なんか誰も教えてくれないですよね」

「え〜、いや〜、わかるんじゃないかなあ。ちょっと待ってね。オレ、有名人年鑑を持ってるんだよねえ。そこに連絡先が載ってるんじゃないかなあ」

「いや、まさかそんな」

「え〜っと、あった、あった」

「ほんまに載ってるんですか？」

「うん、ほんま、ほんま。言うからメモとってね」

「あ、は、はい！」

なんと、山田監督の連絡先がわかってしまった。

「ありがとうございます！　明日、電話してみます！」

「うん、うまくいくといいね。がんばってね」

長山さんってほんまに話せる人や。しかも、山田監督の連絡先までわかってしまうんやから凄すぎる。なんか、鍵みたいな人やな。長山さんに相談すると、開けられへんかった扉の鍵が見つかるみたいや。


土曜日の朝。ドキドキしながら教えてもらった番号にかけてみた。

「はい、山田でございます」

繋がっただけで汗がどっとでる。淡々とした応対はお手伝いさんっぽい。それでも緊張と汗は止まらず、口もうまく回らへん。

「そういうご用件でしたら、ファックスをお送りください。監督にお渡ししますので」

なんと、ファックス番号を教えてくれはった。

「ありがとうございます。後程お送りしますので、どうぞよろしくお願いいたします」

マジか、ほんまに取り次いでもらえそうや。「よっしゃ、やるぞ!」、すぐさまパソコンで山田監督への手紙を書き始めた。寅さんが好きになったこと、この芝居をしようと思ったこと、今回のいきさつ、あたしの考えを一生懸命書いた。正午すぎ、やっとまとまった手紙をファックスで送った。ジーッという音を立てて手紙が送られる間、あたしは家の電話を拝んでた。

すると、日曜日の昼に携帯が鳴った。

「佐野さんのお電話でよろしかったでしょうか」

きりっとした女の人の声や。

「私、山田監督の秘書の○○と申します」

びっくりして電話を落としそうになる。

「あの、すみません。お忙しいところ、大変お手数をおかけしております」

「いえ。山田監督が、上演を許可しますと、すぐ佐野さんに連絡してあげてくださいと言っておりましたので」

「ほんとですか。嬉しいです。ホッとしました。ご丁寧にありがとうございます。どうぞ、監督によろしくお伝えください」

「承知しました。今回は佐野さんに失礼があったようで申し訳なかったと言っておりました。どうぞ、安心して公演されてください」

山田監督の秘書さんは、短い言葉ながら、思いやりのある口調でそう言うてくれた。電話を握りしめて「すごい、すごい、すごい！」と嬉し涙で頬が濡れた。さすが山田監督や、寅さんを生み出した人や。やっぱし、ワケありの女とか、庶民の気持ちがわかる人なんや。感動は冷めやらず、興奮したまま長山に電話した。

「長山さん、山田監督の家にファックスで手紙を送ったら秘書さんから電話があって、上演を許可しますって言うてくれはったんです！」

「そりゃあすごい！　良かったね！」

「長山さんのおかげです！　ほんまに、ありがとうございました！」

「いやいや、有名人年鑑なんて何の役にも立たないと思ってたけど、持っててよかったなあ」

「まさかこんなに早く解決するとは思ってなかったです」

「連絡して良かったね」

「はい！」

「まあ、がんばってやっていきましょう。じゃあ、また稽古でね」

昨晩とは打って変わって長山はあっさりしてた。でも、一緒に喜べる人がいるなんてありがたい。チャレンジして良かった。ちゃんと許可がとれたやん。しかも、山田監督が許可してくれたんやで。やっぱし、あの優しい寅さんは、みんなの心の中で生きてるんや。

監督にお礼状が書ける嬉しさでまた胸がいっぱいになる。それをファックスで送って、あたしは缶ビールで祝杯をあげた。

酔い覚ましのコーヒー

『寅さんに会いたくて』の上演はなんの障害もなくなった。今日は長山と一緒に芝居を見に行く。夜には「T-SAX」にも寄るんや。楽しい週末になるなあ。いそいそ出かける準備をしてたら携帯が鳴った。長山からや。

「もしもし～」

元気よく電話に出た。

「あのさ、今日、用事ができたから、一緒に行けないんだよね」

「あ、そうなんですね。わかりました～」

「じゃあ」

プチっと電話が切れた。相変わらずあっさりしてはるわ。と思いつつ、軽いショックを受けてる自分に気付いた。なんやろう、この気持ち。いや、そんなはずない。きっと、あまりにも突然電話が切れたから、ちょっと動揺しただけや。やっぱり近づきすぎたんや。気いつけなあかん、と深呼吸した。

でも、長山の用事はウソで、夜に「T-SAX」近辺を一人でうろついてたそうや。

そんなこととは露知らず。あたしは『寅さんに会いたくて』の準備にいそしんだ。CDに収録する曲を決めたり、録音スケジュールを立てたり、なんやかんや長山と連絡をとる機会が増えていく。

そして、あれは忘れもしない、一九九九年三月二十一日のこと。長山と夜に、あたしのマンションの下で待ち合わせた。徒歩二分のファミレスで、ご飯を食べながらの打ち合わせやった。話すべき用件はすぐに済んだけど、ビールジョッキ片手に話し込んでしまった。余りにも気持ちよく酔っぱらってたし、話し足らんかったから、つい、こう言うてしまった。

「酔い覚ましに、うちでコーヒーでも飲んでいきますか?」

「いいね。じゃあちょっと寄っていこうかな」

長山は初めてあたしの部屋に入り、二人でコーヒーを飲んだ。話したいことがまだまだあると思ってたのに、二人きりになったらもう話すことがない。そして、そのまま朝を迎えてしまった。


長山は「もう家には帰れない」て言うた。一瞬、耳を疑った。

一杯のコーヒーで生活が激変してしまった。あたしは、そうなって初めて自分の気持ちを自覚した。

長山のほうはよくわかってて「これがオレの初恋なんだ」なんて言う。そして、二日後に家に帰って、ありのままを話して戻ってきた。その日は、偶然にもあたしの誕生日やった。養育費と奥さんの生活をまかなう慰謝料の計算をして、子供たちが成人するまで払い続けると約束してきた。子供にも月に一度は必ず会うと。これはまったくもって当然や。何があっても、その約束は果たさなあかん。

周りの人たちは驚愕してた。あたしも、自分のことながらびっくりしてた。長山は四十歳、あたし三十二歳。ワケありの女になって寅さんに恋したら、寅さんが結びの神になってしまった。

恋に夢うつつになりながらも、『寅さんに会いたくて』の公演は無事に終わった。初日には、山田洋次監督からのお花が届いた。マンションの一室で『男はつらいよ』を見続けた日のことが思い出される。あんなに孤独で寂しかったのに、山田監督の映画が、寅さんが、あたしを救ってくれたんや。そして、この芝居には『男はつらいよ』の関西応援団長が、寅さんファンと一緒に見に来てくれはった。

「良かったですよ。キリコさんのリリーが、浅岡ルリ子さんを彷彿とさせてくれました。満男くんみたいな男の子も出てて、すごく懐かしい気持ちになりました」

なんて言うてくれはった。寅さんファンと思いを共有できたのがすごく嬉しかった。そして、あたしはこのリリーで、スペース・ゼロ女優賞をもらった。

その八月。あたしと長山は、東京ステーションホテルの一室で両親の立ち合いのもと、結婚を誓い入籍した。新婚旅行は北海道。ひまわりの花畑を見に行った。そして、帰ってしばらくしたら萌が宿ってた。子供はいらんと思ってたのに、萌ができたと知った瞬間、飛び上がるほど嬉しくなった。

それから、あたしら二人は、楽市楽座の野外劇を無我夢中でやり続けた。そして、長山が『寅さんに会いたくて』で作曲したリリーのテーマは、のちに楽市楽座の代表作『金魚姫と蛇ダンディー』の金魚姫のテーマになった。

『波の音』

愛されるためだけに　生まれたイノチ
はかない夢のように　明日を知らぬ
ゆらりゆらりただよい　泳ぎ疲れて
眠り知らぬまなこで　愛だけみてる
恋すれど　耳には
見果てぬそとうみの　波の音がざわめく
愛されるためだけに　生まれた
愛するためだけに　生まれた

第二章　楽市楽座と長山現の青春

楽市楽座の旗揚げ

　三十一歳の長山は、「身体と声の会」と称して、大阪大学の劇団時代から駆使してきた肉体訓練をバリバリにやってた。舞台役者は肉体労働やから、フリーの役者たちに頼まれて始めたそうや。最初は訓練だけが目的やったけど、そのうち役者が仲良くなって「芝居をやりましょうよ」て話になったんやて。

「いいよ。でも一本で終わるのはつまらない。劇団にするならやるよ」

「だったら劇団を作りましょう！」

　長山は、「劇団あまのじゃく」にしたかったらしいけど、数十人いた旗揚げメンバーは大反対。投票で「楽市楽座」になった。それが一九九一年。楽市楽座が「おぎゃあ」と産声を上げた。

　座長は長山。楽市楽座は長山の作・演出で芝居をする劇団としてスタートした。旗揚げ公演は、『百億ノ島・一ツノ海』。翌年の一九九一年十一月は愛媛の内子座で上演する。主演女優で芝居の制作をしてたうでまくり洗吉《あらきち》さんが愛媛出身で、どうしても内子座で旗揚げしたかったんやて。長山の両親も愛媛出身やったから内子座は大入り満員。芝居も大好評やったそうや。その十一月の内子座を皮切りに、十二月には劇場召致を受けて松山劇場で上演。一九九二年一月に東京アゴラ劇場の大世紀末演劇展に参加する。

長山は、演劇人というより芝居屋や。芝居はもともと芝の上でやるもんやった。つまり、芝居の原点は野外劇。それが長山のポリシーや。それで、五月には野外劇に仕立て直して、地元大阪の中之島公園で特設野外竹骨テント劇場を建てて上演した。

ところが、公演を重ねるごとに劇団員は一人抜け、二人抜け。最後の野外公演が終わったら四人になってた。長山は「まあしょうがない」と思ったそうや。

そういえば、大阪大学の劇団にいた頃にも似たようなことがあった。真夏に阪大の学内、当時の大阪野音、京大西部講堂の三カ所で立て続けに野外劇をした後のこと。

「普通の大学生に戻りたい」

劇団員が口々にそう言うて、どかっと辞めた。まるでキャンディーズや。一九七〇年代を駆け抜けたアイドル、キャンディーズの流行語「普通の女の子に戻りたい」そのまんまや。

商業演劇ならいざ知らず、芝居は食えん世界や。スポンサーもない劇団は二足わらじでやるしかない。大学生でも社会人でも余暇をあてて芝居する。しかし、趣味では終わらない世界、それが芝居や。生活とバランスをとりながら続けていくのは、なかなかに難しい。とはいうものの「役者と乞食は三日やったら辞められない」なんて言う。乞食はいざ知らず、役者をやってきたもんにはこれがしみじみようわかる。やり始めたら舞台の魅力にとり憑かれてしまうねん。長山もその一人や。

うでまくり洗吉《あらきち》

長山は、楽市楽座をやる前は「変貌クラブ」て劇団をやってた。アトリエを棲家にして稽古も本番も主にアトリエでやった。芝居を続けていくためには、じっくり取り組める場所がいると思ったそうや。台詞は少なく、肉体を駆使した、幻想的なシーンを組み合わせた詩劇を作ってた。アトリエ公演は年に三回ぐらい。劇団員たちと鬼のような肉体訓練をしながら、詩のような芝居を作り続けた。

一九八七年には、この「変貌クラブ」でぶち上げた。メンバーの小椋隆史さんが書いた本『塊ヨリ始メヨ』が面白かったらしく、アトリエ外公演を企画。都住創センターでの公演の前に、梅田の歩道橋で街頭劇をしたら、人だかりができて警察に囲まれた。

「ここで何をしてるんですか!」

「震えているんです」

長山が答えると、みんな大爆笑。

「ブーブーブタ!」

と言い続けた役者は、「ブーブーブタ」と言いながら警官数人に手足を持って連れて行かれた。しかし、これに懲りず、次は阪急梅田駅界隈を移動しながら街頭劇。そして、都住創センターの中にビティを組んで上演した。ビティいうのは、工事現場で組まれる足場のことや。

しかし、終わったら主要メンバーがいなくなり「変貌クラブ」は消滅してしまった。

「ちょっと大きいことをすると、みんな疲れて辞めていっちゃうんだよね」

でも、楽市楽座だけは、劇団員が四人になっても続いていった。それは多分、長山の熱量に匹敵する主演女優のうでまくり洗吉さんがいたからや。長山は途中で、楽市楽座の座長を洗《あら》さんに譲ってる。洗さんをはじめ、当時の劇団員やった一快《いっかい》元気、福西浩光さんも芝居ができる人やったから、長山は台詞芝居を書くようになった。劇団員も少しずつ増えた。それでさらに、詩的な個性が花開いていった。しかし、洗さんは一九九六年の夏に心臓発作で突然死してしまう。洗さんの死で劇団は柱を失ったけど、長山が座長に復活して、その年の秋に『ＮＩＰＰＯＮ憂歌《ブルース》』を小屋で上演した。これはあたしも見た。めっちゃええ芝居やった。洗さんの不在を感じさせない劇団員のパワーにも痺れた。

しかし翌年、野外テントで上演予定やった『タマシイホテル』は公演中止になった。長山が台本を書けず、頓挫したからや。

それでお蔵入りになると思いきや、『タマシイホテル』は一九九八年五月に、大阪の中之島公園でリベンジした。テントも新しく作った。それは、ハンググライダーの生地を縫い合わせた紙風船みたいなテントで〝ラフレシア〟と名付けられた。しかし、『タマシイホテル』は大不評に終わった。長山は、洗さん亡き後に、もっと革新的な芝居を作りたかったんやと思う。あとで台本を見せてもらったら全編が詩で構成されてた。観客は取り付く島がなくて退屈してもうたけど、美しいシーンはいっぱいあった。

　あたしが楽市楽座に入ったのは、この年の暮れや。洗さんがいなくなった楽市楽座の舞台を見て、長山の芝居には強い女優が必要やと思った。長山の芝居が、野外劇が好きやったし、あたしも関西の小劇場界で認められる役者になった手応えを感じてた。やから、あたし、やれるかもしれん、やってみたいっていう想いに駆られた。そうして劇団員になった。

　それから、あたしと長山は急速に接近した。そして三月、あたしの誕生日に、急転直下で長山との同棲生活が始まってしまった。一緒になった頃、この『タマシイホテル』の話をしてたら長山の声が詰まった。

「あの時は、苦しかった」

　そう言うて、長山が嗚咽した。後にも先にも、長山が涙したのはこの時だけ。

　あたしらは、明けても暮れても芝居の話をしたおした。長山はあたしの話を面白がって聞いてくれた。見たことなかったミュージカルも、薦めたらなんでも見た。長山が一番反応したのは古いアメリカミュージカル『イースター・パレード』やった。この映画では、恋心に悩むジュディ・ガーランドが思い余ってフレッド・アステアに叫ぶシーンがある。

「あなたは踊る靴よ！」

　その台詞を聞くなり、長山がハッとした。

「これは、赤テントの台詞じゃないか！　唐十郎はこれを見てたのか！」

「あ〜、なるほどな〜。これ、うちのお父さんがめっちゃ好きな映画やねん。唐さんはお父さんと同世代やから、やっぱ見てはったんやろうなあ。アメリカのミュージカル映画って戦後の日本人に衝撃を与えたみたいやで」

あたしが宝塚とかミュージカルが好きやったからか、それ以降、長山は音楽劇を作るようになった。もともと詩人とかミュージシャンになりたかったから、劇中歌はええのがいっぱいできた。

すべては詩から始まった

今日テレビを見た。

ウルトラマンを見た。

長山が詩を好きになったのは、小学二年生の国語の授業。行を空けるだけで詩になる。言葉少なで想像力がかきたてられる。そんな詩の世界に感動した長山少年は、詩人になりたいと思ったんやて。中学時代にはビートルズの影響も受けたから、実はミュージシャンにもなりたかった。クラシックギターの通信教育を最後まで続けたぐらいやから、かなり本気やったみたい。でも、高校に行ったらあまりにも上手い人らがいたからすぐ諦めたんやて。

出身は東京の東大和市。立川高校時代には、同級生やった多和田葉子さんと一緒に『逆さ吊り鮟鱇《あんこう》』という雑誌をガリ版で作ってたそうや。多和田さんは、今はドイツで小説を書いてはる。一九九三年に『犬婿入り』で芥川賞をとりはった才女や。多和田さんは当時から「芥川賞をとる」言うて小説を書いてたから、〝アクちゃん〟てあだ名やったんやて。雑誌作りのメンバーには、のちにＮＨＫのディレクターになった故・久保田立朗さん、詩人であり音楽家やった故・玉井國太郎さんがいた。玉井さんの詩は青土社の「ユリイカ」に掲載されて激賞を受けてたそうや。表紙絵は、パスカルズの永畑風人さんが描いてはった。

その頃に、立川高校の演劇祭で劇作家・別役実さんの芝居を上演した人らがいて、上からギロチンが下がってた舞台美術に刺激を受けたらしい。そんなこともあってか、多和田さんと玉井さんが書いた台本をミックスして、棺桶を運ぶ芝居を作った。長山は爆弾少年いう役で舞台に立ち、サックス吹きの玉井さんが楽団を作ってフリージャズを演奏しまくった。これは、わりと評判が良かったらしい。

話を聞いて思うに、これはきっと詩劇やったんやと思う。シェイクスピアの戯曲が、韻文で書かれた詩劇、なんて言われる。韻文いうたら難しくて高尚やけど、言葉の響きあわせって理解したらわかりやすいんちゃうやろうか。母音にこだわるのが韻を踏むっちゅうことらしいけど、遊び心が加わると洒落とかダジャレになる。忌野清志郎も洒落た唄を作ってるよな。ＨＩＳの『スキー・スキー（スキーなの）』なんか、めっちゃピンクな名曲や。

長山の芝居との出会いは、詩人としての活動から生まれた。玉井さんと長山はずいぶん親しかったそうや。玉井さんのおじいさんは小説家の火野葦平。なんかすげえなって感じやけど、玉井さんのお父さんは事情があって家を出てたから母子家庭。ずいぶん貧しかったそうや。文才があったのに文壇が嫌い。ひねくれたとこがあったらしい。長山も相当な読書家やけど、玉井さんはそれに輪をかけた読書家やった。

「あれ読んだ?」

しょっちゅうそう聞かれたらしい。

「いや、まだ」

「え〜、読んでないの〜」

芸術家志望の長山はそのたんびにへこんで、ジャズ喫茶に入り浸り、哲学書や詩集を読み漁ったんやて。そんな高校生活やったから成績はどんどん落ちていく。大学に進む気もさらさらなかった。

大阪大学を受験したのは、たんに家を出たかったから。ある時、雑誌仲間の久保田さんの家に遊びに行った時、塾長をしてたお母さんに「親のスネはかじるためにあるのよ。大学に行って家出したらいいじゃない」て言われたんやて。「なるほど!」と膝を打った長山は、東京から離れた大阪大学の文学部美学科を受験。見事合格して入学した。

ちなみに、今年、二〇二四年三月二十三日に、玉井國太郎さんの詩集が発刊された。玉井さんは五十歳で自死してしまった。亡くなった時は、「ユリイカ」で特集が組まれるほどの詩人やったから、妹さんが想いを込めて出版しはった。うちにも贈呈してくれはったから、長山は妹さんと玉井さんを忍びあった。そして、あたしは初めて玉井さんの詩を読んだ。言葉がスーッと入ってくる。心のひだに染み入ってくるような素晴らしい詩集やった。あたしは会ったことないけど、この本に玉井さんのことを書いたりしたから、いま、タマシイと出会ったんやなあと思った。

この詩集の発刊日は、玉井さんが大好きやったお母さんの誕生日。そいで、この日は文学者として親しかった多和田葉子さんの誕生日でもあるそうや。それを聞いて、あたしと長山はびっくりした。三月二十三日はあたしの誕生日でもあるからや。この日はあたしと長山が暮らし始めた日でもある。そして、玉井さんが亡くなったのは、あたしらが旅公演を始めた年や。なんというか、単なる偶然とは思われへん。不思議な縁を感じてしまう。なんか、玉井さんのタマシイが、今何かを語りかけてくれてるような気がする。

幻《げん》視《し》行《こう》と変貌クラブ

入るサークルを探してうろうろしてたら、フリスビーしてる綺麗なお姉さんたちがいて心ときめいた。浮きたって阪大演劇部「幻視行」に入ったら、お姉さんたちはただの取り巻きやったそうな。幻視行は野外劇をする学内劇団やった。テント芝居の写真が面白そうだなあ、と思ったぐらいやったから、一年目は様子見。先輩たちの芝居の美術を手伝ったりしてた。

ところが二年目のある日、次の上演台本の募集がかかった。俄然やる気になった長山は、初めての上演台本『嵐の子守唄』を書いた。先輩たちは締め切りに間に合わず、書き上げたのは長山だけ。その処女作は、先輩たちの評判を呼び、次の上演台本に決まった。「やった！」と喜んだ長山は「もっと面白くしてやる！」と意気込んで、その台本を一週間でまるっきり書き換えた。すると今度は大不評。「差別的な表現が多すぎる」とか言われて、先輩たちが寄ってたかって書き直し、結局、「原案・長山」になってもうたんやて。

「悔しくてさあ。あれ以降、一本でもまともな本を！　と思ってやってきたんだよねえ」

しかし、この『嵐の子守唄』で、長山は主役に抜擢された。なんでも「こんな役はお前にしかできん」て言われたそうや。主役は新聞少年。「こんな大変なことが起きてるんだ！」言うて、新聞記事を街のあちこちに貼り付けていく役やった。

作は原案になってもうたけど、初主演はえらい褒められたし、『嵐の子守唄』は大好評。この公演で幻視行の部員が増えたんやて。こうして野外劇に目覚めた長山は、幻視行の作・演出家になった。そしたら人気も出てきて、学外の役者が「出たい」て言うてくるようになった。

芝居の〝し〟の字も知らんかった長山は、この頃から、唐十郎さんの紅テント「状況劇場」や「維新派」を見に行くようになった。維新派は、大阪が誇る野外劇団やった。巨大な野外劇場を一カ月かけて建設。全身白塗りの役者たちが、ほとんど台詞を喋らずに見せる群衆劇や。当時の名称は「日本維新派」。役者たちはヂンと呼ばれる姿で男も女もふんどし一枚。巨大な美術セットを動かしながら、風景や心情を描く抒情詩のような芝居を作ってた。大学生の長山が見てた頃は、座長であり作・演出の松本雄吉さんが役者で出てはった。その役者の松本さんが大好きやったそうや。

状況劇場では、根津甚八さん、小林薫さんの最後の舞台が見れたそうやから、むっちゃラッキーな世代や。李麗仙さんがめっちゃ好きやったんやて。もちろん先輩たちも見に行ってて、こっそり録音したテープを貸してくれたそうや。唐さんの台本を読みながら、そのテープを何回も聞いた。甘美な台詞のやりとりに心震え、どんな舞台だったかを想像するのが楽しくて仕方なかった。

状況劇場は、機動隊に囲まれる中で新宿公演をしたことで有名や。安保闘争で民衆が負けた後、唐十郎さんは個人革命として状況劇場を作った。状況の意味は、状況としての民主主義。つまり、既にあるものではなく、動くありさまとして、紅テントで芝居を打ち続けた。正真正銘のアンダーグラウンドや。

そんな時代やったから、阪大では寮闘争が起こってた。「帝国主義打倒」、「天皇制、三里塚反対」、「寮費の不払い運動」、「学費値上げ反対運動」やらなんやらを掲げて、学生と大学が対立してた。学生たちはヘルメットとマスクをしてデモや集会を繰り返した。長山は寮生やったから、気が向いた時にデモに参加してた。芝居屋として面白いと思ったらしい。でも、ヘルメットとマスクは好かんかったそうで、素顔丸出し。わざわざモヒカンにして目立ってた。機動隊が来ると、長山の動向を追いかけたそうやから、だいぶハッスルしてたみたいや。

そんなんやったから寮闘争支援公演までやってる。『赤猫エリーゼ』いう室内劇を、電気を止められた寮内で上演して阪大生を呼び込もうとした。その公演が終わった時に、ある事故が起きた。

寮の一室に持ち込んでた発電機にガソリンを入れようとした出演者が、なんと、ライターで火をつけた。真っ暗でなんも見えんから、ライターの火で発電機を確認しようとしたわけや。その火がガソリンに燃え移り、寮も燃え上がった。非常ベルが鳴り止まず、あっという間に消防隊と機動隊がやって来た。そこにいた長山は、着てたジャケットを機動隊員に掴まれて、誰もいないところまで連れていかれた。その勢いでボタンがはずれてジャケットがはだけた。あわや殴られるか！　ちゅうところで、機動隊員がハッと手を離した。

「お、お前、まさか、消防隊の者か！」

たまたま着てたジャケットが、中古の消防隊員の制服やったっちゅう奇跡のラッキー。ジャケットの内側に消防隊の所属と名前の縫い取りがあったんやて。長山はその隙に、脱兎のごとく逃げ出した。一時は騒然となったけど、結果、この火事はテロではなく事故によるもんやと確認されて事なきを得たそうや。

すっかり野外劇にはまった長山は、阪大内での公演は真夏か真冬と決めてた。それが劇的な季節と思ったからや。テントの建て方も工夫を凝らして、タンカンで組んだり丸太で組んだりと色々やった。しまいには一カ月かけて建てたりもした。「幻視行」には、今も関西の小劇場で役者をしてる、同級生の戎屋海老さんがいた。美術スタッフには、画家の寺門孝之さんもいた。テントを建てたらその中で稽古を重ねる。公演がない時の普段稽古も一年中やってたし、合宿もするという熱の入れようやった。

しかし、阪大は幻視行が会場にしてきた場所に樹を植えていく。使える場所は減っていくし、学内公演のゆるさが嫌になってきた。いつまでも学校を相手にしてもしょうがないと見切りをつけて、五年目に幻視行を解散した。寮も出た。家賃はタダやし、面白い人がいっぱいいて居心地は良かったけど、右翼の会に寮生が訴えられて裁判が起こったりしてた。このまま寮にいて、不法侵入で逮捕されたり、裁判になったら芝居どころじゃなくなる。阪大は八年行けたけど、もういいやと七年生で卒業。看板職人のアシスタントとして働き始めた。

それでアトリエを構えて「変貌クラブ」を旗揚げするも、三年で消滅。芝居ではとても食っていけない。もうやめようと思ったそうや。それからアパートを借りて、部屋の中でノートを書き続けた。それは日記のようなものやった。ノートを書きながら、これからどうしていくかを考え続けた。

そんな生活が二年ほど続いたある日、ふらりと美術展を見に行った。その感想をアパートでノートにつけた。すると、モデルが何を演じてるか、衣装は何を着せられているか、どういう演出がほどこされているか、という言葉が連なってくる。それでつくづく、すべてが演劇的視点になってる自分に気が付いた。これはもう、芝居をやっていくしかないかな、と思ったそうや。

その時、長山は三十歳で三十而立《じりつ》。三十は、学識や道徳観が確立して、世に立つ自信を得る年齢やそうや。世に立つには至ってないけど、長山が狭いアパートの一室で、芝居屋として三十而立を迎えたことは間違いない。なんでか言うたら、この日があったからこそ、楽市楽座は今も旅劇団として生き続けてるんやもん。

第三章　野蛮でおじゃらけたドリームタイム

野外劇の魅力

長山はあたしと一緒になって、斜陽になってた「クワガタ工芸社」の看板を下ろして専業主夫になった。あたしもそうやけど、長山も相当な芝居バカや。二人して、口を開けば芝居の話になる。「次の新作ではこんなことを考えてるんだよね」なんて言い出すと、空想が広がって楽しくてたまらん。あたしは父の跡取りとして出版社に勤めながらも、楽市楽座が人気劇団になる夢を描き始めた。でも長山は、あたしの仕事の邪魔をせんように芝居をしていこうとしてる。それがなんとももどかしい。前の座長のうでまくり洗吉さんが健在やった頃は地方公演もやってたけど、あたしが入ってからは大阪公演のみ。萌も生まれたし、年に二回の野外劇を上演するだけで精一杯や。当時の楽市楽座の劇団員は五人ぐらい。それが増えたり減ったり、時には客演を迎えて芝居を作ってた。

この頃の楽市楽座の野外劇いうたら、上演時間はたっぷり二時間半はある。仕事と二足わらじの役者が夜に集まって、半年かけて稽古、準備する。そいで、現場に入ったら、長山が設計したテント劇場を二十数人で、三日間かけて建てる。照明スタッフは徹夜で灯りを仕込み、テント建てでクタクタになった役者たちが、音響、照明のきっかけ合わせに挑み、本番を迎える。公演は四日間。終われば、丸一日かけて劇場をバラす。日が暮れて、跡形もなくなった広場を去り、次の日は、夢うつつになった頭で会社に行く。いつか、芝居だけして生きていけたらええのに、なんか思いながら。でも、どんだけハードでも、やってもやっても、まだやりたい、と夢は膨らんでしまう。

しかし、四年ほどそんな生活が続いたら、長山がこう宣言した。

「年に二回のペースだと筆が荒れるから、公演は年に一回にする。もっとやりたかったらよその芝居に客演してもいいよ」

確かに、年に二回の野外劇公演はハードすぎた。長山が言うようにペースを落とすしかない。あたしは、よその劇団の芝居に出たりもしたけど、やっぱり長山の芝居が、野外劇が一番面白い。それに、娘の萌もいてるし、仕事もある。あたしらは、年に一度の、ひと時の夢に向かっていくようになった。

あたしが楽市楽座の野外劇に初めて出たのは、二〇〇〇年の『黒薔薇園夜想会―くろいばらぞのよるのゆめ』や。それ以降、すっかり野外劇の虜になってしまった。野外の何がええかって言うたら、風が吹いてくることや。これは室内劇では絶対ありえへん。劇場はテント一枚やから天候の影響はめっちゃ受ける。けど、それが全部臨場感になる。そいで、自然が舞台効果になることもある。不思議なことに、雨が降るべきシーンで降ってきたり、風が吹いて樹々がざわめいたりする。自分の声も、壁や天井に響くんちゃう。天に向かっていく感覚になる。走れば土煙が立つし、ごっつサバイバルな感じで、今、この舞台でお客さんと一緒に生きてると心底思える。

その時間を駆け抜けるひと時は、何にも代えがたい。そいで、その舞台に立つには学ばなあかんこと、鍛えなあかんことが山ほどあった。そうして楽市楽座にのめり込んでいったあたしは、ある日、父の怒りを買って、「会社か芝居か、どっちか選べ」と言われてしまった。そこまで言われたら嘘はつかれへん。正直に「会社を辞めます」て言うた。

長山はそれにうろたえたけど、あたしの気持ちは変わりようがない。それでも、「なんとか思いとどまれないかな」と聞いてくる。「ほな、長山さんは、嫌でもあたしに我慢せえって言うねんな?」と突っ込んだら、肩を落とした。「わかった。決めたものはしょうがないね。だったらさ、オレが代わりにできないかな?」て言い出すからびっくりする。あたしは、父の会社とは縁を切って芝居で生きる道を模索したかった。けど、「オレ、息子たちへの仕送りがあるからさ」と言われてしまった。

そうやった。ついついカーっとしてしまった。でもこれは、なんとしてもやり遂げなあかん。

それから長山は、萌を膝に抱えながら、父に直談判した。すると父が「長山に任してみよう」て言うたもんやから、あたしと長山はタッチ交代することになってもうた。正直言うて、あたしが芝居で切られたんやから、長山は二年もってせいぜいやろうと思ってた。ところが、意外と長続きする。本好きの長山は出版社の仕事が楽しかったらしく、主夫で引きこもってる時より生き生きしてきた。さらに驚いたことに、楽市楽座の新たなスタイルを、どんどん模索し、深めていった。

ドリームタイムとは

長山はもともと、場末の人間たちを登場人物にした芝居を描いてた。それは、古事記の神々もホームレスやったりするからやねんて。だけど人間を描くと、なんでこんな暗い物語になってまうんやろうって悩みを抱えてた。そんな時に、アボリジニの神話に出会った。

「ドリームタイム」というアボリジニの神話は動物たちの物語やったんやて。実は、アフリカ神話も、イソップ童話も、日本昔話も生き物たちの物語や。長山は、それが本来の神話やったんちゃうかって、目から鱗が落ちてもうたんやて。昔はそうじゃなかったはずやのに、いつしか世界は人間のものみたいになってるやんかと。これは近代のトリックにはまってるんちゃうか。そんな疑いの目をもってもうた。そもそも人間は、世界の一部でしかなかったはずや。人間は生き死ににごっつ敏感やけど、生き物たちの世界を思えば、イノチはひとつのタマシイっていうサイクルになる。そんなことを考えるようになって、生き物たちの芝居を作るようになった。

カマキリのメスが「昨日、お父ちゃんを食うてもうて」言うたら笑いがおこる。それに手応えを感じて、生き物たちの物語を、神楽劇として描いていこうと思ったそうや。人間界やと、あらゆることが重くなってしまう。でも、生き物たちの物語にすれば、自分の芝居をファンタジーにできると思うようになったんやて。

あの頃、長山はあたしにこう話してくれた。

「アボリジニのドリームタイムはさ、今日一日、生かされるかを占う旅なんだよね」

だからかな、長山は、一年がかりで、占うように芝居を描くようになった。起承転結はどうでもええ。描きたいことがどこに向かってるんか、結果を求めずに、自分の中に散らばった言葉の欠片を集めて芝居の行先を占った。そしてさらに、「オレはこれで、演劇を超える」という野望を抱いた。長山が求めたいのは「価値観の変容」や。阪大の美学科で西洋美術史を専攻してた長山は、不思議なもの、革新的なものを好む人や。美術の歴史も革新の連続。時間的な流れでじっくり見ていくと、好き嫌いじゃなく、ピカソが如何に画期的やったかがようわかる。

「前衛はカッコいいんだよね。コンセプトがカッコいい」

劇場も、絵のように見るプロセニアムから円形劇場に変えてもうた。これは古代ギリシャ、ローマでシェイクスピアが円形芝居をしてたのに心動いて試みたことや。円形は、芝居が三次元になるのが面白い。そいで、舞台が回ったら、さらに円形芝居の世界が広がる。

それで生まれたのが水に浮かんだ廻り舞台や。回る舞台は時の流れそのものや。それって宇宙的やろ。そいで、真ん中で回ってるのは黄色いお月さんやねん。昔は月の満ち欠けで暦を読んだやろ。そんな舞台って、小さな生き物たちの神話を音楽劇にしてる楽市楽座にぴったりやんか。

そう、楽市楽座の舞台は、旅する前から水に浮かんでクルクル回ってたんやで。

水の上でクルクル回る盆舞台

それは雑談から始まった。

「舞台が回ればいいのになあ」

いつしか長山はそう言い始めた。

「廻り舞台ってええよなあ。宝塚見てたから憧れてたわあ」

「旗揚げの内子座の舞台が回ったんだよね。あれよく回したなあ」

「そうか、内子座は歌舞伎小屋やもんな」

「うん。でもさ、半分しか回らないんだよ。一回転しないんだよね。半分で止まるから、次に回す時は逆に半分回す。ぐるぐる回らないんだよ」

「あはは。ほな、舞台転換用やねんな。どないして回すん?」

「もちろん電動だけどさ。元は手動だったから奈落はすごいよ。下にごつい木が組んであってさ、それをみんなで回したんだって」

「はあ、大変やなあ」

「維新派なんかはビディで回してたかなあ」

「宝塚はぐるぐる回るで。昔、白井鐵造さんがショーでぐるぐる回してダンスシーン作ってはった。あれ綺麗やったなあ。踊るほうは大変やろうけどな」

「回るといいよねえ。うちも廻り舞台があったら役者が自分で回らなくてよくなる。静かなシーンも作れるしさ」

「乗ってみたいなあ。ほら、駐車場にも車の向き変える廻り舞台みたいなのがあるやん。子供の時、あったら必ず乗ってたわ」

「あはは。うちもあるといいけど、仕掛けが問題だなあ」

「そやなあ。まず無理やろうなあ」

しかし、旅する五年前、二〇〇五年の『肉月《にくづき》』という、なんとも不思議なタイトルの音楽劇から、楽市楽座の舞台は水に浮かんでクルクル回るようになった。登場するのは金魚姫、蛇ダンディー、蟹男爵、うさぎ娘、タヌキ博士、鬼に河童、猫目少年、コウモリ女、ねずみのジロ吉、とかや。

この芝居の夜稽古をしてる時に、長山が意気揚々と皆に発表した。

「『肉月』は廻り舞台にします。分厚い発泡スチロールに板を張って浮かべたら、水流で回せると思うんだよね。舞台は回り続けるからね。役者の動線は現場で確認します。うまくいくと思うけど、問題がひとつある。それは、重量に耐えるか、なんだよね。役者が全員乗ったら膝まで沈むかも〜」

「えー！」

みんながゲラゲラ笑う。その時の出演者は総勢十二人や。さあ、どうなる！

現場で組み上がった水に浮かぶ廻り舞台はまっさら。マジで水の上にぷかぷか浮いてる。

「よし、乗っていいぞー！」

長山が号令をかけると、役者がおそるおそる舞台に上がっていく。一人、二人、三人、四人、五人と乗ってみる。けど、沈む様子はまるでない。しまいには全員が乗った。

「おお、ぜんぜん大丈夫やん。浮いてる、浮いてるー！」

「あかん、酔いそう」

すぐ降りてしまう役者もおったけど、何人かは、水に浮かんだ廻り舞台の上を子供みたいに走り回った。ちょっとふわふわしてるけど、その危うい感じがめっちゃ刺激的や。

回り続ける舞台はいろんな意味で新鮮やった。なんというても回るっていうことが面白い。立ってるだけで周りが回っていくんやもん。あたしは方向音痴やから、回ってる間に出ハケがわからんようになる。「どうしよう」と思ってたら、他の役者もおんなじや言うから可笑しくなった。この芝居は地図を持ってみんなで出口を探すって話やったから、集団で劇場を出入りするシーンの連続やった。そやから慣れんうちは、みんなが周りの様子を伺いながら「こっちか？」目配せしながらそうっと歩き出す。そのうち、客演で蟹男爵役を演ってた平林英之さんが確信をもって歩き始めた。

「すごいなあ。なんでわかるん？」

「いや、この舞台って天井が抜けてるじゃないですか。だから、外の風景を見ればいいんですよ」

「おお！　なるほど！」

おかげでみんな助かった。でも、やっぱりクルクル回ってるとわからんようになってまう。役者は回ることに慣れるのが大変やった。その上、この廻り舞台は、初日が明けたら蛇行するようになってもうた。舞台監督が「なんでや⁉」と汗をかく。

「長山さん、芯にすれて、発泡が削れていってます！」

「だからかあ。でも、芯はしっかり埋めたから大丈夫だよね」

「ですね」

「じゃあ、このままやるしかないよね。なんとか最後までもつでしょう」

公演は四日間。水に浮かんだ廻り舞台は日々、蛇行する範囲が広がっていく。より不安定になるから役者はなんとかせないかんと焦る。するとお客さんがどっと笑う。不安やった出ハケも、役者が迷うとそれが笑いになる。喜劇やったからこれには助かった、やるほうも見るほうも初めての水上廻り舞台は、ほんまに面白かった。そいで、獣や生き物たち十二人が、シーンとした中で踊りながら回るのが不思議で神秘的やった。

「すごい発明ですね。長山さん、いったいどうやって思いついたんですか？」

チラシ画を描いてくれた寺門孝之さんが、終演後の打ち上げでそう聞きはった。寺門さんは、阪大の劇団「幻視行」時代の後輩で、盟友でもあった。あたしらはマイナー劇団やけど、寺門さんは、既に名を馳せる画家になってはった。長山とはしばらく疎遠になってたけど、あたしが楽市楽座の看板女優になった頃から芝居を見に来てくれるようになった。その寺門さんが、「キリコさんは、長山さんの芝居にぴったり。僕は、キリコさんのファンです」て言うてくれはった。そいで、長山を、楽市楽座を、めっちゃ応援してくれはった。

そんな寺門さんの質問に、長山がにこにこしながら答える。

「去年の『耳水《みみみず》』で、舞台の真ん中にソープランドの風呂を作ってさ。円く切り抜いた分厚い発泡スチロールを浮かべたでしょ。それにうちの朧《おぼろ》ギンカが乗れたから、あれをでかくしたら水に浮かぶ廻り舞台が作れると思ったんだよね」

「なるほど。すごいなあ。特許とりましょうよ」

「あはは」

寺門さんがそない言いはるから、あたしゃ真面目にネットで調べてみた。ほんなら特許とるだけでごっついお金がかかるからのけぞった。

「これは大量生産向けやな。よっぽど売れんと元はとれへんで」

「へえ。そんなのどうでもいいよ」

長山はいっつもそんな感じや。でも、いまだに真似して作る人はおらんなあ。だからいつまでも、世界にひとつの水上廻り舞台や。

金魚姫と蛇ダンディー

寺門孝之さんが楽市楽座のチラシ画を描いてくれるようになってから、長山は、寺門さんと蜜月の時を刻んだ。寺門さんは、長山の発想を面白がってくれたし、長山は、寺門さんの絵からさらなる発想を得た。そして、二〇〇六年に、楽市楽座版ロミオとジュリエットとも言える『金魚姫と蛇ダンディー』が生まれた。これは、楽市楽座の代表作になった。

長山は、それまでは『耳水』とか『肉月』とか、変わったタイトルをつけてたけど、変化球を打ちすぎたかなと反省したらしい。そいで、『肉月』で評判が良かった登場〝珍〟物、「金魚姫」と「蛇ダンディー」をタイトルにしようと思いついたそうや。そしたら急に華やかになった。

「ええやん。漢字も綺麗やし、小さな生き物の話やってすぐわかるよな」

「今までは地味で変わってたもんね。もうちょっとお客にも来てもらいたいしなあ」

そしたら、寺門さんが素晴らしいチラシ画を描いてくれはった。それを見てるだけでどんな舞台になるんやろうって心ときめいた。出演者は総勢十五名。金魚姫に蛇ダンディー、土蜘蛛親分に連れ合いのサソリ、子分の虫ケラたち、うさぎ師匠、ネズミ博士、ニンゲン国宝の三人組、死神ジミーとことほぎたち。

舞台は鏡池。池にはまあるいお月さまがぽっかり映ってる。これはタマシイの愛の物語や。三幕もので、休憩を入れてたっぷり三時間。

この芝居では、二幕で舞台が変身する。休憩時間に子分の虫ケラたちが舞台転換。まあるいお月さんの表面をひっくり返すと、ルーレットに変わる。客席から「わあ」、「へえ」なんかいう声があがって、これが見物になった。そこで生き物たちの博打が始まる。胴元は土蜘蛛親分一家や。

「虫ケラが、軽いイノチ張って開く、イカサマなしの神聖なるバクチじゃあ。この勝負、一番勝ったもんが、そこの金魚姫を連れていく。文句ないじゃろうのう」

広島弁で男前の土蜘蛛親分が歌舞伎調でそう言うと、長山が編成した楽楽楽団《らくらくがくだん》の生演奏が始まってラップになる。ルーレットの球は子分のダンゴムシや。兄貴分のアメン坊が「ほな、ダンゴムシ、行こうか」言うたら、がたいのでかい、よう肥えたダンゴムシが水上廻り舞台の池にバシャっと入った。球やから、そこで泳ぐのがダンゴムシの仕事や。博打に興奮してる生き物たちはルーレットの上で唄い踊る。お客さんはそれを見ながらゲラゲラ笑ってはった。

三幕になると、蛇ダンディーのタマシイと金魚姫が、夜な夜な回る月の上で短い逢瀬を交わす。ついには、回るお月さまは宇宙船になった。

あたしが言うのもなんやけど、ほんま、画期的な舞台やった。

そいで、これには嬉しいおまけも付いてきた。初日を迎える前々日ぐらいやったか、制作担当者の男の子が青ざめて、舞台監督の前でモジモジしてる。

「あの、予約の数が席を上回ってしまったんです。どうしたらいいでしょうか」

「なんやとお！　なんで気付かんかったんや！　予約打ち止めにせなあかんやろ！」

舞台監督の怒号がテントに響き渡った。いっつも穏やかな舞監が顔を真っ赤にして怒ってる。その前で、制作担当の男の子が汗をかいてうつむいてる。

「すごいやん！　嬉しい悲鳴やないの。とにかく予約は打ち止めにして、なんとか立ち見で入ってもらうようにしようや。まさかの大入り満員や！」

あたしは有頂天になって喜んだ。長山もびっくりしながらへらへらしてた。

初日から、一五〇席の客席は、連日満員。楽日には通路にも立ち見がぎっしりの超満員御礼。天気にも恵まれた、楽市楽座始まって以来の混雑と盛り上がりで公演は大成功。長山が数年かけて詰め込んだあらゆることが、お客さんの心に響いた。そして、『金魚姫と蛇ダンディー』は、楽市楽座の決定阪とも言える音楽劇になった。あたしはお客さんから「金魚姫さん」て呼ばれるようになったり、この金魚姫で飛田演劇女優賞をもらったりした。

爽快、屋根なし壁なしの野外劇場

代表作になった『金魚姫と蛇ダンディー』はそれ以降、年に一回のペースで、三年かけて大阪で再演を続けた。長山はずっとやり続けたいぐらいの気持ちやったけど、お客さんは新作が見たくなるから、再演すればするほどお客さんは目減りする。「これじゃあしょうがないよねえ」なんて苦笑いした長山は、四年目の再演で『金魚姫と蛇ダンディー』を最後にすると決めた。

「あのさ、次が『金魚姫と蛇ダンディー』のファイナルだから、オレ、東京でもやりたいなあ」

「ええ? そりゃあできたらええけど、ラフレシアを東京の会場に建てるいうたらおおごとやで。少なくとも二十五、六人はおらな無理やん。建てるだけでも三日はかかんのに。どないして人を集めるんよ。スタッフかて照明で三人、音響一人やろ。機材の運搬とか手配もあるしやな。考えただけでも気が遠くなるわ」

「でも、来年がファイナルなんだよ。それにさ、大阪と東京でやったほうが実入りはいいはずだよ」

「そやろか。う〜ん、東京でやって、お客さん入るんかなあ」

「オレ、一応東京出身だし」

またいろいろ言い出すなあ。でも確かに、来年がファイナルなんやし、東京で初めてやればウケるやろうなあ。そりゃあ、あたしにとっても東京公演は夢や。いざ東京って言われたらムクムクっとやる気になってまうやんか。ああ、芝居で生きていきたいと思ってんのに、またしても年に一回の野外劇公演で一発散財してまうんやなあ。こんなあたしらって、ほんまなんなんやろう。とか思いながら、早々に東京の公演会場を見つけてしまった。電話一本やったけど、公園課の担当者が「できますよ」て言うてくれた。マジか、こんなにあっさり決まるとは。これはやれっていう天の声かもしらん。

あたしは長山の出張に合わせて東京に行った。あの日は、ぽかぽかしたあったかい陽気の春やった。待ち合わせの井之頭公園の入り口に歩いていくと、なんか懐かしい気持ちになってくる。久しぶりにデートするみたいや。到着すると、やっぱり長山が先に来てた。

公園課の人が、できる場所をいくつも案内してくれる。

「水の上に浮かぶ廻り舞台なら、プールはどうですか」言うて、プール施設まで見せてくれる。

「いや、うちはテントを張りますから、地べたがええんです」

役所の人にしてはえらい面白い人やった。そいで、三鷹の森ジブリ美術館裏の空き地を案内してくれた。ここは唐十郎さんが発掘しはった場所みたいや。地元のファンが役所にかけあって使えるようになったんやて。

そこでは、東京の劇団が近くに公演するみたいで、仕込みが始まってた。近寄ると、なんと、「野戦之月」の桜井大造さんや。

「大造さんじゃないですか！」

「ああ〜、長山さん、久しぶりだねえ」

「もうすぐ公演ですか？」

「そうなんだよねえ。ここに穴を掘ろうと思ってさあ」

色黒の大造さんはめちゃ二枚目や。汗かいて労働してる姿がまたさらにかっこええ。

「うちもここで公演しようと思って、下見に来たんですよ」

「そう。そりゃあいいねえ。がんばってね」

大造さんはスコップ片手にまた作業に戻りはった。大造さんいうたら、長山が若い頃にショックを受けた、翠羅臼《すいらうす》さんの劇団「曲馬館」のテント劇で主演してた役者さんや。今は「野戦之月」を主宰してはる。そんな人とここで会えるなんて、やっぱり縁があるとしか思えん。

長山はにこにこして、役所の担当者に向き直った。

「いいですねえ。うちもここでやらせてください」

「そうですか。でも、条件がひとつあるんですよ。テントが仮設物にあたりますから建築申請をとってほしいんです。建築事務所はうちで紹介します。この名刺の、ここに電話してください」

下見を終えたあたしらは、「これはできるな」てウキウキしながら、井之頭公園のカフェのテラスでコーヒーを飲んだ。すると、道を挟んだ向かい側のカフェに「パスカルズ」のロケット・マツさんがいてはった。譜面を見ながらなんか考えてはるみたいや。

「やっぱあの人、かっこええなあ」

「パスカルズの永畑風人を知ってるでしょ。立川高校の同級生の。彼のお兄さんなんだよね」

「へえ、そうやったんや。知らなんだ」

東京ってなんかすごいな。井之頭公園に来るだけでこんな人らに出会うなんて。なんか、ますます呼ばれてる気がするやん。


しかし、長山が教えてもらった建築事務所に連絡したら、申請するだけで七十万円の費用がかかることが判明して、あたしは顔面蒼白になってもうた。

「大丈夫。テントはやめるから。ひな壇の客席も仮設物になるって言われたから、もう全部やめる。客席はパイプ椅子にしよう。だから、劇場は屋根なし壁なしにする」

呆気にとられた。あんだけ数年がかりで煮詰めたラフレシアを、こんなにあっさり捨てるとは。

「まあでも、これはスタイルを変えろっていう天の声かもしれんな。役所に食い下がっても面倒なだけやし。もめるより新しいことしたほうが面白くなるわ。それに、ラフレシアのテントはもうお釈迦やもん」

そう、ちょっと前に劇団員が集まってテント拭きをした時、ラフレシアのテントシートは、パキっと音がして裂けてもうたんやった。

「うわあ、セラビさん、このシート、開いただけでパキパキ音がして破れていきますけど、どうします?」

蛇ダンディーを演ってた朧ギンカが驚いて「怖い怖い」て言うてる。

「ほんまやなあ。乾燥してるからかなあ。このシート寿命やで。どないする？」

「はあ、キリコさんとセラビさんって、大変ですねえ」

セラビいうのは長山のあだ名や。古い劇団員はそう呼ぶ。その昔の長山の役者名「セラビ・ボーズ」からきた愛称や。このセラビ・ボーズは、芝居が人生の禿げ頭と訳せる。

「でもあれやな、そんなこんなを考え合わせたら、建築申請問題にも感謝したい気持ちになるわ。こんなことでもなかったら、テントなしにするとか絶対ないもん。水上廻り舞台だけなら舞台監督と役者で作れるし、荷物も激減するわ。ええこと尽くしやで。これで経費はかなり軽くなるわな」

「だね」

そうして、旅する前の楽市楽座は、野外劇としては初めての、東京、大阪公演を実現した。あたしらとしては、二カ所でも立派な旅公演や。テントや客席が無くなって身軽になったとはいえ、劇団員、客演を含めた十二人の東京遠征は移動費やら宿泊費やらで出費は嵩む。でも、みんなワクワクしてた。東京に着いたら、若い子らは「焼肉や！」言うて街に繰り出してはしゃいでる。

滞在先は、平田オリザさんが主宰する青年団が運営してた宿泊所やった。みんなで雑魚寝して、青天の下で舞台を仕込む。制作スタッフはいつ雨に降られるかハラハラしてたけど、仕込みからバラシまで、一滴の雨も降らんかった。まるで天が味方してくれてるみたいや。

不思議なことに井之頭公園の鬱蒼とした樹の上からは、鈴虫の音色が聞こえてくる。夜の闇が深く、舞台照明に使った工事現場用の投光器をつけたら、劇場の周りに夜のとばりができた。役者が客席の奥にハケると、闇の中に飲み込まれたみたいにすうっと消えていく。これにはみんな驚いた。

「すごいな、めっちゃ綺麗やん」

しかも、客席からは外で出番待ちしてる役者がまったく見えへん。

「鳥肌立つなあ。夜のとばりって、ほんまに夜の垂れ幕なんやな」

こんな体験をしたのは生まれて始めてやった。

打って変わって、地元大阪公演の会場は、夜も明るい都会の扇町公園。夜のとばりとはほど遠い環境やったけど、周りが全部借景になる面白さがあった。

「屋根なし壁なしにして、ほんとに良かったね。空が見えるのも爽快だし、風も吹き抜ける。樹とか虫も見てくれてるようだし、客同士もお互いがよく見えるしね。ここには孤独感がまったくない」

長山はいたく満足そうやった。長山は『金魚姫と蛇ダンディー』に「野蛮でおじゃらけたドリームタイム」というキャッチフレーズを付けたけど、それがまさに実現したって感じやった。

東京公演チン事件

井之頭公園では、事故がふたつ起こった。

ひとつは、道化師エンドンを演ってた長山が、初日の公演中に肋骨を折った。舞台ではしゃいだらツルっと滑って、背中からドタンとこけてもうた。ここに来てからえらい張り切ってたからなあ。終演後の楽屋で「痛い」言うて胸に手を当ててる。

「これ、代役立てなあかんのちゃうか?」

「え? 誰がやんのん?」

側にいた、楽楽楽団でトランペットを吹いてた長山の息子、動丸くんが聞く。

「う〜ん。この場合、動丸くんかなあ。長男やし」

「うそやん、オレ? オレが?」

「うん。似てるし」

「うそやん」

かなり動揺してる。

「大丈夫。オレ、やるから。出番も台詞も少ないし」

「マジで? 大丈夫?」

「大丈夫、大丈夫」

「ああ、よかった〜。オレ、無理やん。親父、がんばってくれよ」

肋骨の一本は折れてるよなあって言いながらも、長山は休まへんかった。災難ながら、枯れた芝居がええ味になってた。可哀そうやったけど、不運の中でもええことはあるもんや。

もうひとつは、二幕のラストで起きた。休憩で女楽屋にいたら、死神ジミーを演ってた一快元気さんがドカドカっと入って来た。

「キリコ、虫ケラの代わりになるズボンあるか？」

「え〜、そんなんあるかなあ。どないしたん？」

「虫ケラのカマキリがチンコから血出して、衣装の股が真っ赤に染まってる！」

「ええ！　なんで⁉」

「二幕の最後で、頭から舞台に滑り込んだ時に切れたみたい」

「マジで！　うーん、替えの衣装はないでえ。あ、だけど長山さんのパッチやったらあるかも！　聞いてみて」

それで本番はことなきを得た。もう男楽屋は大変や。長山の肋骨は折れてるし、チンコは心配やし。休憩の処置で出血は止まったけど、終演後すぐに、「やっぱし、大事なところですから」言うて、舞台監督の河村都ちゃんが病院に連れて行ってくれた。「大丈夫かなあ、どうやろうなあ」て言いながら宿泊所に向かう車に乗り込んでしばらく。都ちゃんから電話がかかってきた。

「チンコは無事です！　かすり傷でした。血が多い場所やからちょっと切っただけでもかなりの出血があるって言うてはりました」

「ああ、良かった〜。都ちゃん、ほんまありがとうな。みんな、チンコは無事やて！」

ホッとして口々に良かった、良かったって言うてる。

「ああー、オレ怖いわー。だってチンコやで。チンコ痛すぎやろ。想像するだけでチンコ痛いわ。あぁ、こわー」

あたしの隣に座ってた動丸くんがチンコチンコ言うから、車中は大爆笑になってもうた。笑ったらあかんねんけど、涙が出るほど笑ってもうた。動丸くん、あの頃は二十一歳やった。ほんま怖がりで、井之頭公園に毛虫がいすぎや言うてキャアキャア言うてた。それが今は、ジャズミュージシャンになって、「オオサカズ」いうバンドでトランペットを吹いてる。

「みんな、そこの大木に塩盛っといたからな。なんか知らんけど、呪いは祓われるはずや。はあ、くわばら、くわばら」

次の日、ニンゲン国宝役を演ってた斎藤勝さんがそない言うた。見たら、一袋の塩がこんもり盛ってあった。そのおかげか、これ以上の事故は起こらずに済んだ。そして、このふたつめの事故には、いつの間にか「チン事件」という名前がついてた。

長山の肋骨は、帰阪してレントゲンを撮ったら、なんと六カ所折れてた。「オレもうだめかも～」と気が遠くなったらしいけど、なんとか会社には休まず通い、そのうち治ってしまった。

第四章 家族三人、野外劇団旅がらす

家族で上等

『金魚姫と蛇ダンディー』の東京、大阪公演が終わってしばらく。

長山は会社を首になって家に帰ってきた。

「オレ、芝居で生きていく。あんたのお父さんに背中を押されちゃった」

もう一回プロポーズされたみたいに、ぱあっと心が晴れやかになった。あたしはこのひと言を、どんだけ待ってたことか。

「望むところや」

長山が勤めてたのは、あたしの父の出版社や。跡取りとして社長になってた。

「君のブログを読んだで。あんたは宮沢賢治みたいなことを考えてるんやなあ。それほどならば、芝居で生きていくべきなんちゃうか。経営は二足わらじではでけへん。社員にも示しがつけへん」

「金魚姫と蛇ダンディーの東京、大阪公演で連続で休みをとったのがダメだったみたい。でも、嬉しくてさあ。オレ、芝居で生きていけなんて生まれて始めて言われたんだよね」

「やっぱりそやと思った。東京も大阪も、ほんまやって良かったなあ」

父には悪いけど、これが正直な気持ちや。しかし、その父のおかげで、あたしの願いがついに叶った。お父さん、ありがとう。父は長山が頼りにならんと怒ってるかもやけど、よくぞ、言うてくれた。


でも、なんとなく、こうなる予感はしてた。あたしかて五年前におんなじ目にあってるもん。

あの頃は、あたしが専務で編集部長やった。専務にまでなったのは、父が「これからは、芝居しながら経営する時代ちゃうか」て言うたからや。でも、父はあたしを斜めに見とったんよな。会社は順調で売り上げも伸びてたんやで。でもある日、「会社か芝居かどっちか選べ！」て怒って詰め寄った。あたしは、ウソをつくのもごまかすのも無理やから、芝居を選んで、会社を辞めた。

そして今がこれや。だけど、これがほんまの自由ってやつやろ。なんちゅう身軽な気持ちや。

さあ、あとはどうやって芝居で生きるか考えたらええだけや。幸いにして、父がまとまった退職金を出してくれた。長山の息子たちへの仕送りの約束もあと少し。それもこの退職金でまかなうことができた。しかし、いきなり芝居で生きるいうても、普通のやり方ではとても無理や。東京に行くことも考えたけど、とてもうまくいきそうにない。萌も嫌やて言うてる。あたしらはすぐ煮詰まってもうた。そしたら夜中に、酔っぱらった長山がぽつりと言うたんよな。

「全国を旅するっていうのはどうかな」

その途端、目の前がパッと明るくなった。

「長山さん、それや！　それをやろう」

「え？　いいの？　ほんとに？」

「楽市ならできるわ」

寝かかってた長山が身体を起こしてにんまりしてる。言い出しっぺの本人は、ほとんどやけっぱちで言うたみたいやけど、あたしは「できる」と直感した。腰を落ち着けてやろうとしたからあかんかったんや。あたしらが全国を渡り歩けばええんや。

「劇団どくんごも去年からやってるもんな」

「そうなんだよねえ。あれがうらやましくてさあ」

突如、希望が湧いてきた。あたしら、きっと芝居で生きていける。なんで今まで思いつかんかったんやろう。「劇団どくんご」みたいに、四月から十二月まで旅公演ができたら、九カ月も芝居ができるんやで。しかも毎週や。

「あたし、芝居で旅したいと思ったことないけど、今はめっちゃ旅したいわ」


さて、あたしら二人の気持ちは決まった。あとは萌や。もし、萌が嫌やて言うたら旅はでけへん。

次の日、あたしは、学校から帰ってきた萌にそうっと話してみた。

「あのな、話があんねん」

「わかってる。東京行くんやろ？」

そう言うて、萌はけだるそうにソファにうつぶせに寝転がった。

「いやいや、あれは無理やからやめてん。あのな、楽市楽座で全国を旅しようと思うねんけど、どうかなあ。……ん？　どないや？」

萌は肩を震わせて、クククっと笑いだした。

「……楽しそう」

「ああ、よかった。ほな、そうしような」

「あのな、萌も劇団員になれるんかなあ？」

「そやで。一緒に旅して、一緒に芝居するんやで」

「よかった。萌な、劇団員になりたかってん」

「そっかあ、じゃあ良かったな」

「うん。萌、楽市楽座のお芝居が一番好きやねん」

泣かせるなあ。萌は小学校に入るまで、公演のたんびに親に預けてたから、それでだいぶ寂しい思いをさせたんよなあ。あたしが迎えに行ったらしがみついて離れへんかったもん。それにあたし、会社を辞めてからアホみたいに芝居してたもんなあ。でも、これからはずっと一緒やで。

そやけど、旅に出る前には、萌のことでひと悶着あった。そのいきさつはこうや。

「あのさ、この旅は旗揚げだと思うんだよね。だから、劇団名は変えたほうがいいんじゃないかな」

「それはあかんわ。せっかく十八年もやってきたんやから。あの楽市楽座が全国旅するっていうことにせな。名前を変えたら誰も知らん劇団になってしまうで」

「なるほど。じゃあ、野外劇団って冠をつけよう」

「ええな、わかりやすいやん」

「それでさ、『金魚姫と蛇ダンディー』で旅をする。北は北海道から南は沖縄まで。うちは屋根なし壁なしの円形劇場でしょ。通りがかりでも見れてしまうから、投げ銭でやる。みんなに給料も出す！」

「は？　給料？　いったいどうやって？　始めての旅で、しかも投げ銭やろ？　いくらなんでも給料までは無理やで」

しかし、いかんせん、長山はブチあげることに全力を費やすタイプや。しかも、言い出したら聞かん。「毒を食らわば皿まで」なんてよう言うたもんや。どう考えても無理やと思うけど、座長がそう言うならダメもとでやるしかない。ええい、どうせやるなら、徹底的にやったろうやないか。

それからは二人して、楽市楽座にゆかりのある役者全員に声をかけていった。しかし、ついてくる人は誰もおらん。あたしも意地になってきて、三日間かけて、全国の劇団の掲示板に募集を投稿しまくった。さらに、まさかの可能性にかけて、オーディション形式で役者募集のチラシも巻いた。けど、応募はゼロや。長山はがっくりきて「家族かよ〜」てぼやいた。けどな、そりゃあそうやで。投げ銭の全国旅で誰が給料なんてもらえると思う？　悪いけど、それは最初からわかってた。

あたしのほうはこれでホッとしてた。家族三人のほうが気が楽や。集団は難しいもん。こんな初めての旅に、他人がようさんいたら早々に揉め事が起こるはずや。資金が途中でつきたら、それこそアウトや。それをやるなら劇団どくんごみたいに、しっかり結束したメンバーで時間をかけてやらんと無理や。でも、今のうちには家族しかおらんねんから、これを宿命と思うしかない。

しかし、長山はショックのあまり、どよ〜んとしてる。

「これ、もう無理なんじゃないかなあ。もう出発まで二カ月もないしさ。家族三人でやる新作芝居を書く時間なんてないよ。間に合うとはとても思えない」

「はあ？　何言うてんの？　旅のスケジュールはもう決まってんねんで。各地の協力者も動き始めてんねん。今さら引き返されへんからな。家族三人でもやるしかないで」

「だけどさあ、まともな役者はキリコだけだよ。オレはまだしも、萌は子供だし」

気弱になってる長山を見てたら、ムラムラ〜と腹が立ってきた。

「萌はうちの子やから、やればできんねん！」

思わず机をドンと叩いてしまう。家族で上等や。

すると、長山は黙ってしまった。沈黙してしばらく。

「わかったから、ちょっと一人にしてくれる？」

あたしの心臓はまだ高鳴ってた。でも、これでええ。子連れで芝居をやるのは、皆に気を遣わなあかんから大変や。でも、家族三人なら気兼ねなしにできる。萌かてそのほうが楽なはずや。

ありがたいことに、次の日になったら、長山はびっくりするぐらいスイッチを切り替えてた。

旅の所帯の規模がわからず、決めかねてた備品類を、ものすごいスピードで揃えていく。

トラックは、普通車サイズより小ぶりの一トントラック。舞台もこれにピッタリ載るサイズに作り直した。楽屋テントも、乗用車サイズの組み立て式ガレージテント。照明も省電力のコンパクトな屋外用投光器やから、発電はガソリン式のポータブル発電機二台でまかなえる。旅の荷物は信じられんぐらいコンパクトになった。すべてが家族三人ならではのサイズや。そう思うと、全部が愛しく見えてくる。家族で上等や。

「三人になって、かなり身軽になったな」

「そやろ、旅は身軽でなんぼやで。ていうか、『金魚姫と蛇ダンディー』の東京公演のおかげで荷物が激減したんやん」

「あはは。まるで、旅するために〝ラフレシア〟を建てるのを止めたみたいだよね」

「ほんまやで。なんか知らんけど、うまいことなってるもんやなあ」

家族三人でやる旅公演の新作タイトルは『鏡池物語』。長山が急ピッチで台本を書き上げた。登場珍物は、金魚姫と蛇ダンディー、ホーキオニっていう小さな虫や。短期間で仕上げたにも関わらず、心暖まるええ台本になった。そしていよいよ、待ちに待った稽古が始まった。各地のチラシもどんどん印刷に入っていく。むちゃくちゃ忙しかったけど、やればやるほど「やるど！」ちゅう気力が湧いてくる。

しかし、そんなある日、あたしの電池がプツっと切れてもうた。

新作『鏡池物語』の稽古をしてる時のことやった。後半で、金魚姫がちっこい虫、ホーキオニに振り回されて、むちゃくちゃ大変やったってのを、長山の三味線に合わせながら語る長丁場や。やってもやっても、三味線と合わせるコツが掴まれへん。それでいちいちつまずいてしまう。こんなん初めてやったから、三味線が気になって台詞が出てこんようになる。それでパニックになってもうた。

「ああ、もう時間ないのになあ」

「いいから、とにかくやってみてって」

「まあそうなんやろうけど、なんか三味線とウマが合えへんねん。もうちょっと、ちょっとずつやってくれへんかなあ」

「いや、即興だと思ってやってくれたらいいから」

「そんなん言われても」

「細かく決めたってダメだって。とにかくやって」

そう言われて、なんかムウっとしてしまった。

「こんな難しいシーン初めてやのに、そんな焦らされたらでけへんわ！」

そう言うたら、涙がぽろぽろ出てきてもうた。

「じゃあ仕方ない。ちょっと休もう」

それからしばらく、借りてた稽古場の片隅でどよ〜んとしてしまった。

「お母さん、もう三十分ぐらい経ってるで。お稽古せんでええのん？」

「はあ、もうちょっと待って」

長山は、窓から外を見てじっと待ってる。その姿が目に入ると、またモヤモヤ〜としてくる。なんか、あたしだけしんどい思いをしてるような気になってまう。こんなんで、ほんまに芝居で生きていけるんやろうか……。そう思ったらまた涙が出てくる。でも、メソメソしてても、長山はただ黙って外を見てる。この人って、こういう時、絶対慰めてくれたりせえへんよな。もうちょっと、優しい言葉をかけるとかでけんのかな。「焦らせてごめんね」とか。まあ言わんわなあ。そいでまたどよ～んとなる。

「お母さん、もう一時間経ってもうたで」

「そやなあ」

それでもまだ気持ちが立ち上がられへん。しかし、そうこうするうちにトイレに行きたくなってきた。部屋の外に出て用を済ませたら「まあええわ、やってみよう」ていう気持ちになった。なんや、こんなんやったら、もっと早く外に出ればよかったやん。はあ、もう、あたしが長山に甘えてるんやんか。

「ごめんな。長山さん、やってみるわ」

「ああそう、じゃあ、やるか」

それで合わせたら、何もかも上手くいった。三味線に合わせて、勝手に身体が動く。踊れる。台詞もつらつら出てくるし、三味線の調子に合わせて、台本にはないコミカルな繰り返しも勝手に飛び出してきた。それに長山ががっつり合わせてくれる。気が付いたらやり終えてた。

「すごくいいじゃない！　面白いよ～。これなら大丈夫！」

「はあ、良かった。なんでか知らんけどすごいやりやすかった。なんとかなるかな～」

「お母さん、ほんまに良かったで」

「ありがとう。ごめんなあ」

側に寄ってきた萌をハグする。とりあえず今日、なんとか間に合ってよかった。じんわりかいた汗が気持ちよかった。

いざ、旅芝居に生きる！

準備も稽古も、何もかもギリギリ。でも、なんとか出発できそうや。

あたしらは、二〇一〇年三月三十一日に、最初の公演地である岡山に向けて出発した。

舞台の材は一トントラックに、もう一台のハイエースには「野外劇団楽市楽座」と派手にペイントして、家財道具と楽器、楽屋になるガレージテント一式を詰め込んだ。トラックの運転は長山や。ハイエースを運転するあたしの隣には、萌と、ゲージに入った愛猫そらが乗ってる。

そして、北は北海道から南は沖縄までの三十六カ所で、投げ銭の野外音楽劇『鏡池物語』を毎週末に上演した。

この『鏡池物語』は、ほんまに忘れがたい芝居になった。子宝に恵まれへん金魚姫と蛇ダンディーが、いたずらっ子の虫ケラ少年、ホーキオニと出会って、親子みたいになる物語やった。毎週の仕込みとバラシでヘロヘロにくたびれた五十路の長山と、下り坂を嘆く蛇ダンディーがリアルにだぶる。小娘やった金魚姫はお母さんみたいになった。ホーキオニの萌は、出番こそ少なかったけど、けなげなはつらつさはお客さんの心を打った。

そして、家族であることが、野外劇団楽市楽座の魅力になった。旅先で出会う人達は、みんなほんまに暖かや。ニュースでは色んな事件が報道されてるけど、旅してみたら「日本中、ええ人ばっかりやん！」て嬉しくなった。


投げ銭の野外劇で北は北海道から南は沖縄まで旅をする。これは、あまりにも性に合いすぎてた。一年目の旅が終わった時も、やめようとは欠片も思わんかった。最初の旅で貯金を使い果たしてたのに、や。それに気が付いたのは、那覇でフェリーの乗船手続きをした時やった。

「フェリー代をカードで払おうとしたんだけどさ、現金でないとダメなんだって。ちょっとおろしてくるね」

びっくりしたけど、船やと那覇から地元の大阪まで二泊三日や。当時の代金で車二台を乗せて片道十六万円。そりゃあフェリー会社もにこにこ現金払いやないと困るわなあ。

「ふう、なんとか間に合った。ギリギリだった～。おろしたらさあ、残高は一万三百三十六円！　これじゃあとても暮らしていけないよね～」

「マジか！」

二人であははと笑った。

「最後のフェリー代が間に合ったぐらいやから、これは来年もできるっていうこっちゃ。ていうか、来年もやるよな！」

長山はにこにこしてる。お気楽な性分のあたしらは、後先考えずにやりたいことをやってしまう。やからか、続けていくことしか頭になかった。二年目の旅の準備金は保険から借金したけど、それでも夢は膨らんでしまう。こんな暮らし方やから、お金の苦労を言えば色々ある。でも、これを続けてこれたのは、各地でチラシを配りながら待っててくれる受け入れさんたち、お客さんが暖かく迎え続けてくれたからや。ただただ、皆さんのおかげやとしみじみしてしまう。

そんなこんなで始まった投げ銭の野外劇の旅公演は、気付けば今年で十五周年を迎えた。九歳やった萌は、十二年間一緒に旅して、二十一歳で楽市楽座を去っていった。旅を始めた頃は、小さかった萌と、こんだけ長いこと旅芝居するなんて思いもせんかった。そう思うと万感の思いが押し寄せてくる。我が子ながら、出会いに運命みたいなものを感じてしまう。うちの旅は、家族三人やったから成り立ったんやもん。

それにしても、萌は早いこと親離れしたもんやなあ。結婚して山梨に行ってもうたから、めったに会われへんけど、のびのび幸せそうに暮らしてるからなんも心配せんでええ。いつまで経っても親孝行な娘や。その萌は、今年、年女で二十四歳になる。そう思えば、ほんま長い年月やった。この旅は、ずっと火の粉を払うようにやってきたせいか、時の長さを実感してる余裕がなかった。よくぞこんなに長くやれたもんやと、今さらながら、びっくりしてしまう。

萌のこと

萌は旅に出てから、小学校に通えんようになった。義務教育やのに行かんで大丈夫なんか？　と思われる人がほとんどやと思う。でも、長山が学校に話に行ったら「おうちの事情ですからしょうがないですね」と校長先生が理解を示してくれはった。それと、あたしが師事してた日本舞踊の家元の先生が「学校に行かなくても大丈夫」と言うてくれはったのも助けになった。家元の息子さんは、歌舞伎役者、市川右團次さんの親御さんやった。右團次さんが子供の頃は、日本舞踊で旅する日々やったから、ある時期から学校とは疎遠になったそうや。でも、右團次さんは高校卒業の資格をとって大学に進学しはった。

「だから大丈夫ですよ。なんとかなるもんです。堂々と旅にいらっしゃい」

そない言うてくれはった。それであたしらは、胸をなで下ろして旅に出た。けど、それでもやっぱり、罪悪感はもってた。だから、旅先に教科書を持って行って、仕込みやバラシの時に、萌に自習させたり、わからんとこを教えたりしてた。

そうこうしてたら、旅先で、不登校の子供たちと出会うようになった。その子供たちや親御さんの話を聞いてると、今の学校は、登校拒否になる子がいてもおかしくない。教師ですら、心病む人が少なくない。それが社会問題になってるのを知るようになった。そして、義務教育を最後まで受けてなくても、社会でしっかり生きてる大人たちにも出会う。旅することで、まるで想像もしてなかった生き方に出会っていく。この世には、ほんまにいろんな人生があるもんや。そんなことを知れば知るほど、旅で萌が育っていくのも、これまた人生、と思うようになった。

萌が旅暮らしで得したのは時間に恵まれたことや。公演は夜だけやから、暇な時間を見つけては、絵を描いたり、編み物や刺繍をしたり、本を読んだり、好きなことがたっぷりできた。旅先では、色んな暮らしや生き方に触れたから、それが生きる教科書みたいになった。そんな中で、「いつか独立してやる」いう心が芽生えたみたいや。そやから、絵も編み物も刺繍も、どんどん腕を上げていった。今や「萌T」と呼ばれてる手描きTシャツもそのひとつや。手描きの「萌T」は量産できんから、旅中に少しずつ描いては終演後に物販してた。サイズはS、M、L、XL。これにはファンがついた。すぐ無くなるから、新たに描き足すのがなかなか大変やった。

始まりは『萌萌新聞』と題した絵日記やった。十二歳の時に、四コマで家族の暮らしを面白く書いてたから、楽市楽座の物販として四コマ漫画の絵葉書を作ってみた。ちょっとでも売れたらやる気も自信もついてくるかなっちゅう母心やった。

萌は芝居屋の娘やからか、芸能的なことに長けてた。何をやっても人の感性に届くものが生み出せる。ワンピースを手縫いで作った時も「可愛い！　欲しい！」ていう人たちが六千円もするワンピースを買ってくれた。小さなキャンバスにアクリルで描いた絵も、売れば買ってくれる人がいた。萌の絵は色彩豊かでのびのびしてる。筆に迷いがなく力強い。デッサンの勉強もしてないのに実によく描く。その萌が次に手をつけたのが、芝居絵をポストカードにすることやった。これがまた評判が良くて、よう売れた。

その年の暮れ。十四歳の萌が、那覇の大千秋楽公演がはねた後に、耳にピアスの穴をあけた。穴あけを自分で買ってきて、トイレの鏡の前でバチンとあけたんや。

「見て」

萌の耳にはすでに、百均かどっかで買ってきたピアスが光ってる。

「あんた、すごいなあ。あたしはようせんわ。あー、気が遠くなるー」

「あのな、来年は、Tシャツに絵を描いてみようと思うねん」

萌は、わりと内向的でおとなしい子やから、呟くようにそう言うた。広場の椅子に座ってしばらく話した。夜風が心地よかった。

萌が「萌T」を始めようと思ったのは、那覇で手描きのTシャツ作家をしてるべびちんの話が聞けたからや。べびちんはその道のプロや。それで家族を養ってた。

興味をもった萌に、Tシャツに絵を描く時はシルクインクを使うこと、インクの種類や描き方、描いた後の処理の仕方を教えてくれた。あたしらは「べびちんTシャツ」ファンで、沖縄に行くたんびに買ってたからめっちゃ嬉しかった。べびちん夫妻は関西出身。最初の沖縄公演で仲良くなった、めっちゃ大切な友達や。「萌T」は、べびちんとの出会いがあったからこそ生まれた。旅しながら描いてきたから、「萌T」ファンは全国各地にいてはる。萌が楽市楽座をやめた後も、各地の人たちが注文してくれる。今でも、見に来たお客さんが「萌ちゃんの新作ですよ」言うて、着てきた「萌T」を見せてくれたりする。ほんまにありがたいことや。

そないして、萌は旅芝居をしながら作家になっていった。十七歳で大阪の自宅からすぐ側の「海月《くらげ》文庫」で個展をするて言うた時はびっくりしたけど、それ以降も三年続けたんやから、たいしたもんや。

そんな萌は佑之助と結婚して山梨で仲良く暮らしておる。バイトしながら農業して、佑之助の畑で綿を育て、糸にして、腰機《こしばた》織りの布で作品づくりをしてる。この過程には、糸を強くしたり染めたりする工程もあるそうで、ほんまマメやなあとびっくりしてしまう。そやから、萌の作品には「ジミチビ工房」て名前が付いてる。地味にちびちび、亀のペースで作るっていう意味なんやて。山梨は自然が豊かで暮らしやすいそうや。小さい頃に「鳥とお話できる」て言うてた萌にぴったりの生き方なんちゃうかな。そして去年は大阪に帰ってきて、数年ぶりに海月文庫で綿の作品展『頭ん中綿畑』をやった。

萌には、若さゆえの焦りみたいなのが一切ない。マイペースでじっくりやっていく、そんな落ち着きを既に身に付けてしまってる。それは「成す」いうことにどんだけ時間がかかるかを、旅で見てきたからちゃうかな。

あたしは、旅する萌が恋愛に苦労するのを一番心配してた。だから今は、心の底から安堵してる。旅したからこそ佑之助に出会えたっちゅう幸運は、我が家への最高のプレゼントや。

萌は初めての個展で、自作の一人芝居『黄色い自転車』をやってる。三年目の個展では、佑之助との二人芝居『土のアワ』を作ってツアーまでした。萌は本も書けるし、面白い芝居を作る力も持ってる。でも今は、「芝居を作るってイノチ削るやん」言うて、なかなかその気になられへんねんて。芝居してる余裕はとてもないそうや。まあ思う通りに生きなはれ。

愛猫そら

二〇一〇年、家族三人で旅に出る前に、我が家の猫そらをなんとかせなあかんかった。なんせ猫やから、長旅に連れて行くのは無理やろうなって言うてて、もらい手を探さなあかんかった。

だけど、そらは家族や。四年前に、友達のライブに行った時に立ち寄った、大阪は本町の公園で「ミィ～」て鳴き声が聞こえて見つけた子や。生まれたてで捨てられてた。まだ目も見えてへんかった。ガリガリでノミと蟻だらけ。長山が「ミィ～」て声を聞きつけて、「あ～、見つけてしまった。どうする?」て言うた子や。萌が「お母さん、飼いたい、飼うやんな?」言うて、みんなでミルクを買いに行って飲ませてあげた子や。長山が「これだけ弱ってたら、明日雨が降ったら死ぬよね」言うて、連れて帰った。タオルを買って、あたしの自転車のカゴに乗せて、そおっと家に連れて帰ったそら。飼いだしたら、猫のまったりしたマイペースな生き方に魅了されて、一時期は萌より可愛かったそらや。

それを、旅に出るために人手に渡さなあかん。

「猫はさ、方向感覚がすごくしっかりしてるんだって。でも、移動できる距離が短いから、旅に連れて行ったらそのＧＰＳ機能が壊れちゃうことがあるらしい」

「そうやんな。猫に旅が無理なら引き取り手を探さなあかんよな」

「そら、誰かにあげるん？」

萌もそない言う。

「仕方ないからな。探してあげんとあかんよな」

とは言うものの、まったくその気になられへん。でもさすがに、旅出発の二週間前になってやっと、猫好きの友達に写真を送ってみた。

「そらくんは美猫ですね。承知しました。探してみます」

そう返事がきて胸をなで下ろすも、引き取り手なんか見つからんかったらええのに、とも思ってしまう。ところがどっこい。

「ごめんなさい。そらくんは人間で言うたら青年なだけに、二週間で引き取り手を見つけるのは無理でした。ほんまに、ごめんなさい」

「長山さん、あかんって。どないしよう」

ほっとするも、どうしたらええかわからず、もう涙が出てくる。

「じゃあ仕方ないね。連れて行こうか」

「ほんまに!?」

「だって、家族だもんね」

「そうやんなあ！　長山さん、ありがとう、ありがとう」

そらは一歳の時に、なんかに感染して白血球減少症いう病気にかかってしまったことがあった。ある日、なんか調子悪そうやなと見てたら、急に吐きそうになった。トイレに向かったと思ったら、お尻から大量の血が流れてきてびっくりした。その日の夜は、落ち着きなく、ずっと首を振りながらクンクン匂いを嗅いでた。慌てて病院に連れていったら、病名を告げられた。

「死ぬかもしれません。あとは体力勝負です」

「どうしたらいいんでしょうか」

「食べられない状態が続いてるんで、まずは入院してもらって点滴をしたいです。栄養剤と抗生剤を入れて、状態が好転する処置をします」

「わかりました」

そらはそのまま入院した。もう天にも祈る気持ちや。

数日後、迎えに来てくださいって連絡がきたから、動物病院に飛んで行った。

「飼い主さんを待っておられます」

処置室に入ると、点滴を噛まないように、首に水色のエリザベステイラーを付けられたそらが「ヌオ～、ヌオ～」て鳴いてる。でも、あたしを見た途端に鳴きやんだ。そらはじっとあたしを見てる。

「そら、がんばったな。帰れるで」

病院の大きなゲージから出して、そっと抱き上げたら、脱力して身を任してくる。

「そらくんは、かなり暴れます。なので、万が一の時のために点滴の針は刺したままにしておきます。

錠剤の抗生剤を出しますので、半分に割って朝飲ませてください。それでしばらく様子を見ましょう」

「わかりました」

でも、連れて帰って様子を見てると、刺さったままの点滴の針が痛そうや。どう見ても針のせいでしんどそうに見える。ずっと痛いのは辛すぎるから、包帯をはずしてあげようとした。

「ギャオ〜」

そらは、足の包帯に手をかけたらめっちゃ怒った。汗かいたけど、そらの側にうつぶせに寝転がって、ちょっとずつ、包帯の端っこを引っ張ってみた。二、三回は「ギャオ〜」て言われたけど、はずしてくれるとわかったら急におとなしくなった。それで、そおっとそおっと針まで抜いてあげた。そしたら「ああ、さっぱりした」とでも言わんばかりに、点滴の針が刺さってた足をぶるぶるっと振って歩き出した。それを見て「そらは治った」と確信した。そして、みるみる元気になった。抗生剤を飲ますのはひと苦労やったけど、それも、これで具合が良くなるってわかったら、嫌そうにしながらもちゃんと飲んでくれた。

「そら、お前は賢いで〜。すごいな〜」

そない言うて抱きしめたら、めっちゃ迷惑な顔をする。これやったらもう大丈夫や。猫そらは、しっかり生き残った。

「萌、そらは誰にもあげへんで。一緒に旅に行くことにしたで」

「ほんまに？　よかった〜。やったあ！」

萌もめっちゃ喜んだ。長山は、そらのために大きなゲージを買ってきた。

「そらは家猫だから、あったほうが安全だと思うんだよね。ちょっと面倒だけど、楽屋テントを造る時に一緒に組み立てればいいから」

そらにしたら閉じ込められるから嫌かも知れんけど、長山の思いやりに胸がキュンとした。でも、そのゲージは旅に出たらあっという間にいらんようになった。そらは、あまりにも怖がりやったから、どうやら一人で外をうろつく余裕はなさそうや。とはいえ、しばらくはリードを付けてテントにつないでた。可哀そうやけど、旅先ではぐれたら二度と会われへん。でも、秋の鹿児島で「もうええかな」言うてはずしてみた。その頃には、そらも旅に慣れてたから、外に出ても楽屋テントにちゃんと帰ってきた。

「良かった。やっぱ自由なほうがええよな。あのさ、旅する前に相談した友達がな、キリコさん、猫は家につくっていうけど人間にもつきますから大丈夫ですよって言うてくれてん」

友達が言うた通り、猫そらは、十二年間、あたしらにずっとついてきてくれた。そして、旅先の熊本で寿命をまっとうした。そらは我が家の守り神やった。旅する間、あらゆる災難を被ってくれた気がする。だいたいのトラブルはそらやった。歯周病になったり、野良猫におそわれて血だらけになったり、噛まれた傷が深くてじっと我慢したり。

初めての旅から帰った時は、一カ月も行方不明になって「もう死んでもうたんやろうか」言うてたら、家から徒歩一分のとこで発見された。

それから十一年後、二〇二一年旅公演の秋、十八歳になった猫そらは、死期が近づいて徘徊するようになった。十月の京都、京北《けいほく》公演の時には、舞台と楽屋テントをバラした後に行方不明になった。その日は、京北で会場の世話をしてくれた「あうる京北」の宿泊所に泊まることになってた。あたしは、チェックインせなあかんから、一人でその部屋に入った。そらは見つからんままで、萌と祐之助が探してくれてた。荷物を降ろしてひと息つくも、曇る気持ちをなんとかしたくてカーテンを開けた。居ても立ってもいられず、萌に電話する。

「どないかなあ」

「あかんねん。見つからへんねん。どこ行ってもうたんやろう……」

するとその時、窓の外に、とぼとぼ歩いてるそらの姿が見えた。

「あ！　いた！」

思わず電話を置いて、外に駆け出す。びっくりしたそらは「ヌアオ〜！」て吠えたけど、あたしの腕の中にすんなり落ち着いた。なんという縁、なんという奇跡。思わず涙で頬が濡れる。そらを抱きあげて部屋に戻ったら、萌は電話口で待っててくれた。「ああ、よかった、ほんまによかった」、そない言う萌も、涙声になってた。

一週間後の広島公演でも、そらは行方不明になった。みんなで探しまくったけど、どうしても見つけられへん。明後日は出発せなあかんのにと心配してたら、舞台バラシの時にケロッと帰ってきた。やのに、二週間後の熊本公演でも再び徘徊して行方知れず。どこにいるんやらさっぱりわからへん。でも、萌が「野外劇団楽市楽座」て首輪に書いてくれてたのが救いになった。拾った人が、わざわざ調べて連絡してくれたんや。

「そらちゃん、怪我をして歩道に座り込んでたんです。病院に連れて行ったんですが、治療費はいりませんって。そらちゃん、よかったね、帰ってこれたね」

そして、そらは熊本の舞台バラシが終わって落ち着いた後に、息を引き取った。それを、萌と佑之助と三人で見送ることができた。

長山は買い物に出てて死に目には会えず。戻って愕然としながら、そらの亡骸をじっと眺めた。

「そらの背中は股旅模様だ。だからこいつは旅猫だ」

最初に旅する時に、長山がそう言うたけど、ほんまに旅猫としての一生やった。あくせくするあたしに、猫の時間を教えてくれたそら。ぐうたらぐうたら、食っちゃ寝しながらも美しかった猫そら。そいで、いろんなことして皆を笑わしてくれた。そんなそらに出会えて、うちはほんまに幸せやった。

沖縄での思い出

旅公演は、今でこそ週休一日になったけど、六年ぐらいは、月に一、二回休めるのがせいぜいやった。水曜に楽屋テントをバラして移動、また建てて、木曜に舞台を仕込む。公演は、金曜から月曜の四日間や。一年目の『鏡池物語』は三十六カ所回ったから、ステージ数は一三〇を超えた。二年目、三年目は年がら年中の旅になったから、なんぼやったかわからへん。

そんなんやと、まるでご飯を食べるように芝居する生活になる。すると、たまにあり得へんことが起こってくる。

沖縄中をぐるぐる回ってた頃のことや。南城市の佐敷の山奥で公演したことがあった。友達が、ウチナンチュのおじいたちが面白い言うて紹介してくれた場所やった。そこは私有地で、おじいたちが、みんなの家をみんなで建てて、集まっては宴会してる。お客さんは、友達とおじいたちが集めてくれた。その初日の途中、あと十五分ってとこで雨がザーッと降ってきた。お客さんたちは「きゃあ〜」言うて走り去っていく。

「あと十五分やったのになあ」

「屋根がないから、しょうがないよね」

「けっこう盛り上がってたのに」

三人で肩を落とした。すると、遠くからあたしらを呼ぶ声が聞こえてくる。

「おーい、お前たち、こっちでやれー」

ふと見ると、おじいがみんなの家の前に立って、あたしらに手を振ってた。

「はーい！　長山さん、あない言うてはるで。行こか」

「えー、もうここで終わろうよ」

「なんでえな。せっかくやから、あそこでやろうや。途中で終わるの嫌やもん。な、萌もええやろ？」

「うん、ええよ。行こう」

「はあ、しょうがないなあ」

長山はそう言いながら三味線とギターを手に持った。あたしらは三人で雨の中を走って行った。

「おお、来たか。スペースを作ったから、そこでやれ」

「はい、ありがとうございます。では！」

やり始めたら、めっちゃ盛り上がった。最後は拍手喝采や。おじいたちもお客さんたちも喜んで投げ札を出してくれはった。そいで、そのまま宴会に突入や。

「お前たちの芝居は、オレたちには意味不明さ。でも楽しいから好きにやれ」

そない言うから思わず笑ってもうた。

沖縄では、ある一定の年齢層から上の人らは日本語がよくわからへんかったりすることがある。もともと沖縄は琉球という独立した存在やった。それが明治四年に、薩摩、鹿児島に占領されて日本領になった。第二次世界大戦で悲惨な地上戦に巻き込まれた末、負けた後はアメリカ領になった。それが日本に返還されたのは一九七一年や。そんな運命に翻弄された沖縄やけど、本州、九州から遠く離れた沖縄は、ウチナー語を保ち続けてた。だから、おじい、おばあが日本語に慣れへんのは当たり前のことや。それやのに、沖縄の人らは、みんな優しくてあったかい。佐敷のおじいたちも、公演を迎え入れた上に、芝居を楽しんでもくれた。その喜びは忘れがたい。

おじいたちは、萌も可愛がってくれて、この公演中に山羊の出産を見せてくれた。

「お母さん、一匹の山羊はな、逆子でな、生まれた途端に死んでもうてん」

ううっと泣いて言葉が詰まる。

「そしたらな、その後でもう一匹生まれてん！　その子はちゃんと生まれてん！　だからな、おじいたちにキリコって名前付けてって言うてん。だからあの子山羊はキリコやねん！」

「貴重な体験やったなあ。でも、なんでキリコなんやろ」

「お母さんの誕生日やからやんか」

萌は目を潤ませたまま、山羊小屋に走って行った。

酔いどれ天国

人はなぜか、北に行くほどシャイになり、南に行くほど気さくになる。

二〇一一年、大分の若草公園で、その年の演目『ツバメ恋唄』をやってた時は、酔っぱらいのおっちゃんらにえらい好かれてもうた。若草公園はおっちゃんたちの酔いどれ天国や。昼間から集まって公園の片隅で宴会してる。どんどん酔っぱらっていくから、下手すると喧嘩が始まってまう。通報する人があるみたいで、すぐ警官がやって来る。「うわ、警察来てるで」なんか言うて見てたら、警官は暴れたおっちゃんと話し込んで、やがて帰っていく。

「へえ、連れて行かれたりせんもんやねんなあ」

「公園で酒呑んだらいけないって法律はないよね。殴ったわけでもないし」

「なるほどなあ」

そいで、夜には芝居を見に来る。開演して、長山と萌が『ツバメ父娘』いう唄で舞台の池の淵を歩き出すと、後ろから酔っぱらいのおっちゃんが躍りながらついてくる。

「客席でご覧ください！」

長山が唄の間奏でギターを弾きながらそう言うたら、お客さんがアハハと笑う。おっちゃんはえへへと舞台を降りて、どっかに行ってもうた。そうかと思うと、あたしが池の周りで芝居してたら、また別のおっちゃんが後ろをついてくる。気配を感じて「ええ!?」と思ったら、いつの間にか消えていく。

「あれはなんやってんやろう。びっくりしたわあ」

終演後の片付けで話してたら、長山が教えてくれた。

「あのおじさん、キリコに千円札を渡したくてしょうがなかったんだよね。ほら、ほらって札をふってたよ」

「おじさん、けっこうがんばってたよな」

「マジかー。いや、まさか後ろからついて来るとは思わんやろ。こっちは必死で芝居してんのに」

酔っぱらってるおじさんらもそうやけど、大分の人達は明るくておおらかや。公演も賑わって、よう笑ってくれはった。手拍子や拍手、投げ銭もようけ飛んだ。

そして、萌は至るところでおばさんに好かれる。大分でも、あるおばさんがえらい可愛がってくれた。

「萌ちゃんに何か買ってあげたいんです。お買い物に連れて行ってもいいですか？　お願いします」

「いやそんな。ありがとうございます。うちはええも何もないですし。どうぞ連れて行ってやってください」

　すると、数時間して二人が帰って来た。

「とっても楽しかったです。ありがとうございました。じゃあね、萌ちゃん、またね」

「さようなら」

　萌は可愛い手提げ袋を持ってる。

「良かったなあ。どこ行ってきたん？」

「なんか、ショッピングセンターみたいなとこ。あのおばさんな、お店に行くたんびに、孫ですって言いはんねん。違います言うのもなんやから、それっぽい顔しといた」

「そうかあ。そういうことかあ。なんか寂しいことでもあるんかもしれんな。あんた、人助けできてよかったなあ」

「あはは」

懐かしや、福井の安島

田舎の公演も面白かった。

二〇一〇年に、福井の牧場の林でやった時は、あたしが「ほら、聞こえるやろ?」て言うたとたんに「コケコッコー」て鶏が鳴いたから、大爆笑になった。皆さんが、投げ銭の野外音楽劇を楽しんでくれはったんで、福井はその後、かなり長いこと通った。受け入れが神社の宮司さんやったから、二年目からの会場は大湊神社になった。東尋坊の近くにある神社で、地元の人が福井の僻地て言うぐらいのとこや。鯨の形をした雄島に本宮がある。

ある年に、そこですごく面白い話し合いの場に出会った。

「みんなで集まって次の椿祭りの話をするんです。よかったら参加しませんか? 楽市さんの打ち上げも一緒にやりましょう」て言うてくれはった。「ぜひ!」言うて早々に行くと、囲炉裏を囲んでずらっと円くなってはる。「こんばんは~」と入っていくと、「おつかれさま~」と拍手してくれはった。

「楽市さん、ちょっと待っててね」

まとめ役の人がそう言うて、次の祭りの話が始まった。皆それぞれに、好きなことを好きなだけ喋りはる。若い子なんかは、ちょっと悪口も言うたりする。すると、場がシーンとしてもうた。

「まあ、だけど、そう思っちゃったんだから仕方がないよね!」

まとめ役の年配者が冗談みたいに言うと、みんながどっと笑う。そいでまた口々に意見を言うていく。するとガラッと戸が開いて、知り合いの年配者がやって来た。あたしらにも「おつかれさん」言うて挨拶してくれはる。そいで、座るなり祭りの歴史を語りだす。二、三分、話したと思ったら「じゃあ」言うて帰って行きはる。そいでまた話し合いが続く。なんとなく場が行き詰ってくると、別の年配者が意見を言うて「じゃあ」と帰っていきはる。結論めいたことを言う人は一人もおらんのに、聞いてると「こうなるんやろうなあ」とわかってしまう。それぞれに匂いを嗅ぎとって、来年の立ち位置を決める。そんな風に見えた。こんな話し合いは見たことも聞いたこともなくて驚いた。何を言うても言い争いになれへん。みんなじっと聞いて、行き先を感じ取る。あとは呑んで終わり。これは村の知恵なんやろうなあ。ただただ感心した。

ここでの公演は、三年目の『宝の島』が盛況やった。『宝の島』は三・一一の後に長山が作った反原発ファンタジーや。福井は原発銀座やからか、芝居が始まってはっと気付いたら、いつの間にかすごい人が集まってた。これが壁なし屋根なしの野外円形劇場の良さや。「投げ銭チャンス!」言うて唄い出したらバンバン飛んでくる。投げ銭は拍手とおんなじや。折り紙投げ銭が飛び交うたんびに、テンションが上がっていく。お客さんも盛り上がって、あたしらは一体になっていく。そいで、祭りのような時が生まれるんや。だから、この旅は辞められへん。旅も野外劇も、天候に左右されるし、ほんま色んなことがあるけど、これこそ我が人生やって思ってまう。

忘れられない、会場選びの失敗！

一年目に行った京都のお寺は奈良との県境で、山の上にあった。人の紹介で、あたしが下見をした時は「なんとかなるやろう」と思って決めた。しかし、実際は恐ろしく大変な場所やった。

お寺に近づくとジャリ道になる。先は細くて急な坂道や。そこで、前を走ってた長山がトラックを停めた。

「あのさ、ほんとにここであってるのかなあ。このまま走っても山に入っていくだけだと思うけど」

「いや、あってるなあ。前に来た時は普通車に乗せてもらったから、こんな大変な道やと思えへんかった」

「あ、そう」

しばらく走ると寺の駐車場に出た。車を降りた長山が、高台にある寺を眺めてる。

「あのさ、ここのどこでやるの？　この駐車場じゃ狭いよねえ」

「あのな、向こうの山の上に、神楽舞台の広場があんねん。寺に行く坂を登ったとこで荷下ろしできるから。広場までちょっと距離があるけど、あそこからならわりと近いねん」

「あのさ、どう見ても無理でしょ。坂道が急すぎ。トラックは荷物満載なんだよ」

「え、あ、まあ……そうやなあ」

「なんでこんなとこに決めたんだよ～」

「あ～、ほんまごめん！　わかってなかった！　最後の一カ所で、他にアテもなかったし、焦ってもうた」

「はあ、まあいいや。わかった。とりあえず挨拶に行こう」

「いらっしゃい！」

お寺の奥さんが出てきはった。すごく綺麗な人で浅岡ルリ子さんによう似てはんねん。

「こんにちは。あら、娘さんね。可愛い！　うちの孫と同じ年頃なんですよ。よろしくね」

「あ、はい」

萌が恥ずかしそうにぴょこっとお辞儀する。

「どうぞ、どうぞ！　住職も待ってますよ」

奥さんは、まず井戸を見せてくれはった。

「ここは井戸水なのよね。だから、舞台の水はタンクに溜めておきましたよ」

「ありがとうございます。でも、この数だと足りません。井戸水から直接取りますんで」

「そう。まあ、その話は住職としていただきましょう」

奥さんは、住職さんがいてはる和室に通してくれはった。

「困ったなあ。一トンもの水を一気に汲みあげたら、井戸水が枯れてしまうんですよ」

「ここは、水が豊富じゃないんです。だから毎日ちょっとずつ汲んでるのよ」

「水道はありませんか？」

「無いの。井戸水だけでやってるもんですから」

「そうですか。他に水をとれる場所って、ありますか?」

「うーん」

住職さんは腕組みしてしばらく。和室の窓を開けて外を見せてくれはった。

「すみません。見えますか? 神楽広場の崖の下の、あの池からとるしかないです」

そこで長山が卒倒してもおかしくはなかった。池は広場から真っ逆さまの崖の下で、その距離が五〇メートルはあったからや。あたしも、しばし絶句してもうた。なんかえらいことになりそうや。

「私、お風呂に入れるぐらいの量だとばっかり思って。大丈夫かしら」

奥さんが心配そうに聞いてくれる。

「いいえ。なんとかやってみます。もし無理だったら相談させてください」

「申し訳ない。万が一の時は、給水車を呼んでみますから」

「はい。今日はこれから、楽屋テントを建てます」

「どこでも都合がいいところに建ててくださいね。大変でしょうけど、がんばってね。お客さんは声をかけて集めますからね!」

「ありがとうございます」

あたしらは駐車場に戻った。

「ほんまにごめんな。あたしの考えが甘かったわ」

「まあもう、しょうがないから。やるだけやってみよう」

しかしそれからしばらく、テントを建てる場所で意見が対立してもうた。あたしは駐車場に建てたかったけど、長山が「ここは斜めすぎるって言ってるだろ！　見えないのか！　上の広場に建てるしかないだろ！」て怒りだした。でも、駐車場から神楽広場まで三〇〇メートルはある。しかも坂道や。

「とにかく、さっさと運ぶぞ」

しかし、三人で運ぶも、余りにも距離が長い。

「長山さん、今さらでなんやけど、やっぱり駐車場に戻ったほうがええんちゃうかなあ。いくらなんでも三人で運ぶには荷物が多すぎるんちゃう？　面倒やけど、元に戻したほうがまだ早いと思うねん。あかんかなあ」

「ええ？　まあ、そう、かな。はあ～」

すでに疲れ切ってる。でも、納得はしてくれた。あたしらは運んだ荷物をまた戻していった。駐車場で楽屋テントを建て始めたら、日が暮れてくる。カラスがカアカア鳴く中で、トラックのライトを照らしてひたすら作業した。長山の不機嫌さがひしひしと伝わって、トゲのように刺さってくる。そやから誰も口をきけへん。やっとこさで荷物の整理をし始めたら、萌が、電池が切れたみたいにパタッと倒れて寝てしまった。ああ、限界やったんや。可哀そうなことしてもうた。無理もないわなあ。

「ああっ、萌が寝てるじゃないか」

「いやいやいやいや、もう夜中の十二時過ぎやから勘弁したって。あたしが悪いねんから。子供やのに、ようここまでがんばったわ」

長山はそれ以上なんも言わんかった。

次の日の朝九時。滋賀の三宅さんが、若い男の子を連れて手伝いに来てくれはった。

「おはようございます。わあ、お久しぶりです！　遠いのに、ありがとうございます！」

「みんな元気だった？　いよいよ関西に帰ってきたねえ。私はもう歳やから息子を連れてきたよ。えっと、舞台はここに造るんかな？」

「いえ、言いにくいんですけど、あそこなんです」

「ええ～、遠いなあ～」

「トラックの荷物を手運びしないといけないんだよね。大丈夫？　手伝ってもらえますか？」

「ええよ。こんな大変とは知らなんだ。来てよかったわ。修行やと思ってがんばろう、な」

「うん、ええよ」

息子さんも心よく引き受けてくれた。

「ありがとうございます！　ほんますいません！」

二人が来てくれはってほんまに助かった。家族だけやったら皆でどよ～んとなってたとこや。気を遣う分だけ元気も出てくる。皆でえっちらおっちら、休憩しながら黙々と運んでいった。

「キリコさん、発電機なんか運んで大丈夫か？」

「はい！　あたし、力だけはあるんです」

こんなしんどいこと手伝ってくれてんのに、あたしを心配をしてくれるなんて優しすぎる。しかし、あれはほんまに修行やった。延々と、とにかく延々と運ばなあかん。そういう時は「あと何枚」とか数えたらあかん。くたびれるだけや。とにかく心穏やかに運ぶことに集中するしかない。一日かけて、みんなで運び終えるのがやっとやった。萌もほんまにようがんばった。

「ああ、やっと終わったね〜。はあ〜疲れた」

「まだ作業あるんやろ。明日が初日やもんな。もうちょっと手伝うで」

「いや〜、もう限界。ここで終わろう。これ以上はもう無理。初日は中止！　明日やろう」

「そうやな。そうするしかないな」

「明日も手伝ってあげたいけど予定があんねん。悪いなあ」

「何をおっしゃいますやら！　もう充分助けてもらいましたって。ほんまに助かりました！　ありがとうございました！」

「いやいや、無理せずにな。がんばってや。ほな帰ろうか」

二人は坂道を降りて帰っていきはった。

「息子さんまで、よう手伝ってくれはったなあ。若いのになんちゅう我慢強い」

「ほんとだね〜。息子がいたから精神的に楽だった〜。だって、あの人オレよりだいぶ年上だよ」

すると、奥さんが寺からこっちに歩いて来はった。

「あ、リリーさんや」

萌がそう言う。あたしらは奥さんが浅岡ルリ子さんにあんまり似てるから、『男はつらいよ』のリリーさんって、こっそり呼んでた。

「ほんとにお疲れ様！　住職がパイプ椅子の置き方を見て感心してましたよ。プロやなあって！」

「いえいえ～。あの、舞台の仕込みが間に合いそうにないんで、初日は中止して作業することにします。一日遅れますけど、それでお願いします」

「承知しましたよ。住職に伝えますね。萌ちゃん、日曜日にうちの孫が来るのよ。一緒に遊んでね」

「あ、はい！」

遊ぶ相手ができると知って、萌は嬉しそうな顔をする。

「よかったな。ありがとうございます」

「あのね、ここは猿が出るから爆竹を買っておいたほうがいいわよ」


とにもかくにもまずは銭湯！　晩御飯も銭湯で食べてもうた。リリーさんに言われたからホームセンターにも寄った。いつもやったら自分で探す長山が、レジの定員さんに聞いた。

「すいません。猿用の爆竹ってありますか？」

「はい。猿用の爆竹ですか？」

「え？　あ、はい」

店員さんはある場所を教えてくれた。

「猿用だって言われちゃったんだけど～」

「あ、お父さん、これちゃう？」

「うわ、ほんまや」

「え～、猿よけの爆竹って書いてあるよ～。猿専用の爆竹なんて聞いたことない～。そんなに狂暴な猿が出るんだろうか～」

あまりにも珍しくて、三人で笑ってまう。

「テントの横って森やもんなあ」

「大丈夫かねえ、オレたち」

「あはは」

とりあえず、リリーさんの言うことを聞いて爆竹は買って帰った。でもその夜は静かで、あたしらはぐっすり眠った。


次の日は朝から舞台仕込み。水入れが問題やけど、荷物は運んであるから舞台は早めに組み上がるやろう。ところがどっこい。黄色い盆を並べ終えた時に、長山が「ああ！」て声をあげた。

「びっくりした。どないしたん？」

「盆の下に浮きを入れるのを忘れてる～。これじゃあ水が入っても浮かないじゃない」

それで、盆の作業がやり直しになった。そしたらまた「あああ！」て声をあげる。

「ちょっと、大丈夫か？」

「池用のシートするのを忘れてる！　オレ、だめ。もう疲れすぎてるかも～」

するとその時、手を振りながらこっちに歩いて来る人がおった。

「長山さ～ん」

「あ！　今井さんや！　今井さ～ん！」

萌が走って行って飛びつく。今井さんは、五月の滋賀公演の受け入れさんや。

「萌ちゃん、久しぶり～」

疲れ切ってた長山も、急にくしゃっと笑顔になった。

「え～、なんで～？」

「いやな、ブログで初日中止って書いてあったから心配になって来たんや。大丈夫？」

「ぜんぜん大丈夫じゃない～。ここ大変すぎるんだもん～。もう疲れちゃってさあ。作業も間違えてばっかりなんだよ～」

「ああそうかいな。よっしゃ、手伝うで」

「ほんまですか！　うわあ、助かります～！」

救世主現る！　まさかこんなお助けに恵まれるとは！　百人力や！　今井さんは右腕の肘から先が無い。けど、片手でなんでもやってしまいはる。一緒に作業してたらそんなこと忘れてしまうぐらいに。あたしらは滋賀で、楽屋テントの紐の縛り方まで教えてもらった。

そんな今井さんのおかげで、舞台も客席も無事に組み終わった。久しぶりに会えて、いっぱい話せて、なんと心救われたことか。

「ほんまにありがとうございます！」

「いやいや、役に立てたんなら良かったわ。あとは大丈夫？」

「うん。水入れはちょっとややこしいんだよね。一人でやったほうが気楽だから」

「ああそう。ほなら帰るわな。ごめん。僕、今日やったら見に来れたけど、土日はあかんねん」

「そんなんええですって。滋賀で四日も見てくれましたやん。会えただけでも救われました」

「あはは。ほんなら良かった。じゃあまたな。来年もおいでや」

「今井さん、ありがとう～」

「萌ちゃん、またな」

「バイバイ～。ありがとう～」

今井さんは帰っていきはった。すると長山は、途端に疲れを見せて、ぼそっと言う。

「あんたらは楽屋に戻っていいよ。あとはオレがやるから」

「ええ？　手伝うってば」

「いや、いいから」

手伝いたい気持ちは山々やけど、長山は言い出したら聞かん。あたしと萌は楽屋テントに引き上げた。けど、気になってしょうがない。外に出ては長山の様子を見てた。

神楽広場から五〇メートル真下の池に、水中ポンプのホースを垂らしてる。そして、広場から降りてきて、ぼうぼうの草むらをかきわけて池に向かう。ホースを池に突っ込んだら、水中ポンプの電源を入れるために広場に戻る。それを二、三回繰り返してた。誰がどう見ても、何回やったところで水が上まであがるとは思われへん。はっと気付くと、テントから神楽広場に続く道を、お尻が真っ赤っかのでっかい猿がのし、のしっと歩いて、横っちょの草むらに入っていった。あたしはたまりかねて、長山のとこに走っていった。

「長山さん、どう考えても無理やで。住職さんに給水車呼んでもらうように頼んでみよう」

「うるっさいなあ。そんなこと言いに来るぐらいならムヒでも持ってきてくれよ！　蚊に刺されまくって痒いし！」

「わかった」

萌も心配そうに様子を見に来た。

「ムヒ、持って来てくれたの？」

「え、あ、いや」

「ただ見に来てもしょうがないだろ？　持ってきてくれよ！　痒いよ！」

「すぐやから！」

走ってムヒを持ってきた。長山は奪うようにとって、あちこちに塗りまくる。

「な、住職さんに頼んでみよう。そうするしかないって」

「はあ？　あんたがそう思うなら、自分で頼めば～」

あかん、もう完全にダウンしてるわ。

「わかった。あたしが言うてくるわ」

「……あのさあ、オレが話すから。あんたがこの作業やったわけじゃないでしょ」

そう言われて、なんとなくホッとした。その気になってくれたんや。しかし、たとえ無理でも、水なしでやる手はある。この際、多少カッコ悪くてもしょうがない。

長山は、のそ～っと立ち上がって寺に歩いていった。もう身体が斜めになってよろよろや。

「話してきた。すぐ電話してくれるって」

「ああ、よかった！」

長山も心底ほっとしたみたいやった。そいで、ものの三十分もしたら、マジで給水車がやって来て、あっという間に水を入れてくれた。

「早いな〜。最初から頼めばよかったのかな〜」

そうかもしれん。けど、きっと長山がここまでやったから呼んでくれはったんやと思う。住職さんも手に汗握って心配してくれはったに違いない。あたしらは仕込みで目一杯で気付きもせんかったけど、住職さんとリリーさんは、給水車の費用のことは一切口にしはれへんかった。

そして、一日遅れたけど初日は無事に明けた。

お客さんはそんなに多くはなかったけど、リリーさんが呼んでくれはった人達は、すごく楽しんで、「え？」と思うぐらい投げ札をはずんでくれた。

「いい芝居だったわ。よっ、キリコ！」。お寺のリリーさんと『男はつらいよ』のリリーがダブってもうて、めっちゃ嬉しかった。長山と、手伝ってくれた三宅親子には、ほんまに悪いことしてもうたけど、あたしがここでやろうって決めたんは、このリリーさんがいてはったからなんよな。しかし、もの懐かしさとか感傷は会場探しにはご法度や。そういうことが身に染みてようわかった。

せめてもの救いは、舞台バラシでは、空のトラックを寺の入口まで上げられたこと、また三宅さんが手伝いに来てくれはったことや。雨はざんざん降ったけど、運ぶ距離がかなり短くなった。リリーさんが一輪車を貸しくれたおかげで運ぶのもかなり楽やった。そいで、お昼ご飯はリリーさんが手作り料理を出してくれはった。カッパを着た十歳の萌が、雨に濡れながら一輪車で荷物を運んでた姿が今でも目に浮かぶ。皆のがんばりで、なんとかいつも通り、夕暮れには舞台バラシが終わった。

「あの、庭にわだちができちゃったんですけど、どうしましょうか？」

「そんなもの、雨が解決してくれるわよ」

リリーさんは、ずっと優しかった。でも、さすがに「また来てね」とは言いはれへん。けど、その後しばらく、毎年のように連絡をいただいた。またいつか、リリーさんに会いに行ってみたい。

すっかり長くなってしまったけど、こんだけ仕込みとバラシが大変やったのはここだけや。これを忘れんように。そいで、長山がどこまでも奮闘した記録として事細かに書いてもうた。この他にも色々あるけど、それはまた別の機会に。

投げ銭チャンス

「屋根も壁もないから、入場無料、投げ銭にする」

長山は、モースの『贈与論』を読んで、お代は投げ銭でいいと確信してた。昔は贈与が義務になってた時代もあるらしい。贈与で人は助け合う。だから返礼をせんと呪われる。そんな経済があったんやて。

「だから大丈夫。面白かったら投げてくれる」。

長山はいっつも仮説を立ててものを言う。そいで、その仮説で歩き出す。これで冒険しようぜ、いう人や。そういえば、かなり前、友達が投げ銭ライブするって聞いた時に「へえ、かっこええやん！」て思ったなあ。あれはなんでかっこええと思ったんやろう。やっぱし「潔い」と思ったんやろうな。投げ銭は、「いくらでもええで」、「とにかく来てみいや」いう意味でもあるし、「ええと思ったら投げてな」、「どんだけ投げてもらえるかやってみるで」も含まれてるわな。あたしは「投げてもらえる芝居に挑戦する」かな。

しかし、旅を始めてみたら、仮説と挑戦だけではあかんと気が付いた。

「うちはアンケートの回収率がいいから、投げ銭封筒を作って渡せば大丈夫」

長山がそう言うから、アンケート用紙と一緒にお金を入れるための封筒を配ったけど、回収したら空が多い。ちょっとでもと「投げ銭バケツ」を置いても一円五円がぱらぱらっと入ってるだけや。参ったなあ。よくよく考えたら「投げ銭封筒」の矛盾に気付く。封筒やったら投げたことにならんもん。やっぱ投げてなんぼやろう。だけどこれには長山が抵抗した。

「そんなことしたら芝居が壊れちゃう」て言うねん。ほんまにそうやろうか？　と疑いながら四カ月が過ぎた。投げ銭やからやっぱし投げてもらうほうがええとしか思えん。

ところがある日、札幌の会場近くにあった百均で、その食い違いがするっと解決した。百均いうたら、ぶらぶら見ながら歩くのが楽しい。その時もたまたま、二人でおもちゃ売り場を眺めてた。「へえ、こんなんあんねんなあ」とか言うてたら、ふと、二〇〇枚で百円の折り紙が目に入った。

「すごいな、折り紙二〇〇枚やて、こんなん知らんかったわ」。

なんとなく眺めてたら、ふと閃いた。

「長山さん、折り紙を配って投げてもらうのはどうやろう」

「折り紙?」

「うん、経費も安いし、アンケートのファイルに折り紙を入れて配ったらどうかな。投げ銭を包んで投げてくださいって言うねん。折り紙って、たいていの人が子供の頃に折って遊んでるやん。手に馴染んでるし。投げ銭封筒よりええと思うねん」

「うん、いいかもね」

「あ、そう?　マジで?　投げてもらうんやで?」

「いいよ。やってみよう」

まさかまさかや。ピンっとやる気にスイッチが入った。

札幌の初日。アンケートと折り紙を入れたファイルを「投げ銭用の折り紙です」て配ったら、それだけでお客さんが笑顔になった。折り紙の力すげえ。具合がええことに、冒頭シーンの『お誕生日の唄』が投げ銭にぴったりやった。このお茶目で可愛らしい唄の間奏で、あたしは「折り紙で投げ銭投げてや」て言うことになってた。

お誕生日には頂戴プレゼント
ステキなアクセサリー

いいえバックと靴と新作ドレス
可愛い帽子
　そして着物と帯でしょ
最後にアクセサリー
　できればデパートを買い占めて
あなたのカードで精算

「ちょうだい、ちょうだい。さあ皆さん、おわかりですね。投げ銭チャンスの時間がやってきました。どうぞ気軽にお投げください～」

そう言うたら、みんながどっと笑って、色とりどりの投げ銭がバンバン飛んできた。投げ銭が飛ぶだけで盛り上がる。「これや！　やっと見つけたで！」これこそ正真正銘の投げ銭や。気をよくしたあたしは、唄シーンの前にも「投げ銭チャンス」て言うてた。

「お母さん、すごいやん。めっちゃ飛んだなあ」

「やっぱり投げてもらうのが楽しいやろ？」

「投げ銭チャンスっていうのがいいんだよ。投げ銭が遊びになったんだ」

なるほど、そういうことか。長山の解釈にしごく納得した。

「折り紙投げ銭は、キリコの発明だね」

なんちゅう嬉しい。「折り紙投げ銭」て響きも素敵や。こんな風に、あたしがやったことを言語化してくれる長山に感心してしまう。投げ銭は、お客さんが「おもろい」と思って初めて投げてくれる。みんなが慣れ親しんだ折り紙には、そんな「おもろさ」を誘う魔力があるんかもしれん。十五年間、投げ銭で生きられたのは、この「折り紙投げ銭」にたどりつけたからや。

旅すればこその出会い

どこに行っても楽しくて「また来年！」て言うてるうちに十五年が過ぎた。公演地は、その年の状況とか受け入れさんの事情で行かれへん場所が出てきたりする。

それでも、二〇一〇年の公演スケジュールは先々まで基本になった。各地とも年に一回の公演やから、できれば毎年行って新作を楽しんでもらいたいという気持ちやった。それに、一回でも訪れた地域には愛着が湧く。二回、三回と訪れることで、だんだんその地域の様子が見えてくる。

それに、家族三人で回ってると、毎年通ってる地域の人たちが親戚みたいに思えてくる。大きくなっていく萌をみんなが可愛がってくれた。「お姉さんになっていくね」、「うわ、背が伸びたね」、「ついに抜かれちゃった」なんていうのが再会の挨拶になったりする。そして、萌の成長で変化していく毎年の新作を、楽しみに待ってくれる人がたくさんいてはった。

三年目の旅公演からは、劇中にゲストシーンを作った。日替わりで、地元パフォーマーの人達に出てもらうようになったら、一気に全国各地に知り合いが増えていった。長く旅をしてると、人の縁が網の目のように繋がってることに気付く。思いもかけない人達が繋がってて、びっくりしたり嬉しくなったり。楽市楽座を通じて出会う人達がいるのも嬉しく楽しい。中には客席で出会って「結婚しました」なんて人がいてはったりする。生まれた赤ちゃんを連れて来てくれたりもする。各地の子供たちも会うたんびにぐんぐん成長していく。ファンになってくれたおばあちゃんは、「今年も会えたね！」と喜んでくれる。


旅をすれば、行く先々で問題に出くわすこともある。

社会的な問題は世界中に転がってる。この小さな島国にも、ほんまにたくさん。その渦中に巻き込まれた人達は、悩み、苦しみながらも、生活を愛おしみ、未来に向かっていく。

ある時、大切な友達、石原岳さんがこない言うた。

「生活を脅かされることにぶち当たった人達がさ、どうしたらいいんだよって、その扉を開けるとね、全部ひとつの部屋に繋がっちゃうんだよ」

ほんまその通りや。岳さんは、沖縄のミュージシャン。独特の、カオスな演奏で魅了する。彼も、意図せずして、ほんまに大変なことに巻き込まれてしまった。それは、人生を左右されるほどのことやった。岳さんが素晴らしいなあと思うのは、音楽家としての愛を失わないこと。そいで、考えに考えながら体当たりしていく姿や。辛いこと、苦しいことがどんだけあっても、泣きながらでも、そのスタンスを見失うことがない。そいで、会えば、妻のトディさんともども、底抜けな笑顔を見せてくれる。しょぼくれる時も、それを隠さず向き合っていく。

旅をしながら出会う様々な出来事で哀しくなってしまうのは、一生懸命になるあまりに人と人が対立してしまうことや。なんにもなければ仲良いままでいられたのに。出会えば声をかけあえたのに。だけどそれも、人の想いや。みんなそれぞれの人生を生きてる。

あたしらかて、ほんま色んなことを考えてきた。長山は芝居の作者やから、衝撃を受けたことを深く考え抜いて、独自の理論を構築していく。でも、その心の底はいつも優しさに満ちてる。出会ったことは新作のネタになるけど、長山が芝居にすると、見た人たちがそれぞれに受け止められるような、楽しく味わい深い音楽劇になる。

それが、野外劇団楽市楽座独特の、小さい生き物たちの物語を生み出す、ドリームタイムな道になった。

第五章　旅十年目で家族が四人に！

恋する二人

萌が十八歳で結婚する。びっくりした。そりゃあそうや。

「来年は自分も役者をやって、一緒に旅をしようと思います」

「そいで、佑之助が来年十八歳になったら籍も入れようと思ってるし」

それは二〇一八年十月、鹿児島に到着して建てたばっかりの楽屋テントの中。山梨県からきた佑之助と共に食卓を囲み、いただきますと箸を持つや否やの爆弾発言やった。あたしは衝撃のあまり吉本新喜劇ばりにずっこけた。

「マジか！」

「け、け、結婚〜!?」

長山も仰天してお箸をぽろっと落とした。萌と佑之助は、思わずあははと笑ってる。

ちょっと待て。萌と佑之助が出会ったのはその年の六月末や。まだ半年も経ってへん。

それは、山形県酒田市の『赤いクツ』公演の時やった。山梨で暮らす佑之助は、中卒で社会に出て、自分の道を模索してた。十五歳で秋田の農家でしばらく修業した時期があったから、その時も農家の手伝いで秋田に来てた。そんな佑之助を知る、秋田公演受け入れの加賀谷満里子さんが、学校に行かず旅芝居をしてる、同年代の萌に会わせたいと連れて来てくれた。

佑之助は、人生初の観劇やったらしい。

「うちの芝居はだいぶ変わってるからびっくりしたんちゃう?」と話しかけたら、「いえ、面白かったです」と礼儀正しく感想を述べて、二〇一七年にあたしが書いた楽市楽座の本を買っていってくれた。その時の印象は、大人しすぎてどんな子かようわからん感じやった。

数日後、あたしらが秋田の大平山三吉神社に移動したら、受け入れの満里子さんが楽屋テントに差し入れを持って来てくれた。

「いらっしゃーい。いよいよですね~」

「おお、満里子さん、この間はありがとうございました。酒田まで来てくれるなんて!」

「いいえ~。近いから~。これね、お米と、現さんに焼酎。萌ちゃんにはお菓子」

「うわあ、たくさん! ありがとうございます」

満里子さんは長山よりちょっとお姉さん。陽気で面倒見のええ人で、あちこちのイベントに関わってはる。秋田の近況とかあれやこれやお喋りして、帰りがけにこない言いはった。

「萌ちゃん、佑之助くんが今夜のバスで山梨に帰るのよ。一緒に見送りに行かない?」

「あ、行きます」

「よかった。きっと喜ぶわ。じゃあ、後で迎えに来るからね〜」

しかし、見送りに行った満里子さんと萌は、バス停に行ったものの、佑之助はおれへんし、連絡もとれへんしでやきもきしたらしい。それが、出発直前にやっと出会えたんやて。こういう再会は、やっぱり感動を生む。劇的や。それは、佑之助と萌のハートをつらぬくにはもってこいの状況設定やったかもしれん。

実際、その後から、佑之助はたびたびうちの劇場に現れるようになった。次に現れたのはその一カ月後の八月初旬。池袋公演を見にやって来た。開演前に、会場の大鳥神社でお客さんを出迎えてる萌が、「ほら、また来てくれたで」と教えてくれる。見ると佑之助が客席におる。

その終演後のことや。遠くのほうで衣装メイクしたままの萌と佑之助が話しこんでた。あたしに背中を向けた佑之助は身振り手振りしながら懸命に話してる。それはまさに〝懸命に〟というのがぴったりの後ろ姿やった。こっちを向いてる萌は微笑みながら「うん、うん」と頷いてる。白塗りの萌の顔が夜にくっきり映えて、えらい可愛らしいかった。「ああ、あの子はきっと萌のことが好きなんやろうなあ」と直観した。

すると今度は、次の東大和公演のバラシの日に来るという。

「え？　バラシの日に？　芝居は？　見にけえへんの？」

「うん。芝居は用事があって見られへんねんて。だからバラシを手伝いに来んねんて」

あたしはひそかにドギマギした。佑之助の目的はズバリ、萌や。萌も佑之助に惹かれてるっぽい。そない思ったら、その日は二人のことが気になって仕方ない。あんまり気になるもんで、舞台と楽屋テントをバラシしながらも二人を観察してしまう。でも、どうもようわからへん。なんぼチラ見しても、二人はまるで普通の友達にしか見えへん。おかしいなあと思ってたら、東京から大阪に移動してすぐ、萌がポロっと告白した。

「どうせ隠してもすぐばれるから言うとくけど、あたし、佑之助とつきあってるし」

「やっぱりなあ！　そやと思っててん！　いつから？」

「東大和のバラシの時に告られてん。まあ、だいたいわかっててんけどな」

一体いつの間に⁉　なんなんやこの感じは。ようわからんけど、今までとは何かが違う。なんかわからんけど、ちょっと本物な香りがする。

「お父さんにも言うてええのん？」

「ええよ。どうせすぐわかるし」

そうか、言うてもええんや。そりゃあそうやな。うちは狭い楽屋テントで三人が肩寄せ合って暮らしてる。そやから、家庭内でも隠しごとはできへん環境や。あたしはすぐさま長山に報告した。

「あのさ、萌がな、東大和のバラシの時から佑之助とつきあってんねんて」

「へえ。あ、そう」

長山はしらっとしてる。

しかし、母親は娘と同性やから、男親のように知らん顔してる余裕はない。四国三カ所、広島公演をしながら様子を見てると、二人はかなり真剣につきあってるっぽい。萌があたしに、佑之助の話をすることも多くなってきた。広島から博多へ移動する車の中でも、あたしと萌は、いつの間にか佑之助の話をしてた。すると、佑之助が一カ月半後の熊本公演に、山梨から原付で走って、萌に会いに来るって言うやないか。

なんちゅうこっちゃ。あたしは、萌が佑之助に夢中になって、芝居をおろそかにしはじめてるんちゃうかと危ぶんだ。そしたら萌は口調厳しく、それを否定した。

「佑之助がな、広島で電話してた時に、二人でいたいって言うてん。でもな、あたしはずっと芝居してきたし、たぶんこれからもずっとしていくと思うし、そう簡単にお父さんとお母さんを裏切ることはできへんって言うてん。そしたらな、佑之助が次の日に、オレが旅について行ったほうがいいんじゃないかなあって言うてん」

「え、そうやったんや」

「佑之助に芝居のこと、知ってほしいと思ってんねん」

まさか、そんな風に考えてたとは知らんかった。なんか、萌を見てたら子供なんか大人なんかわからんようになってくる。親はいつまで子供を子供と見るべきなんやろうか。あたしは萌をずいぶん子供扱いしてる気がしてきた。これはもう親が出る幕ちゃう。なんていうても二人は恋してるんやから。

待ち遠しき熊本公演

佑之助がほんまに旅についてきてくれるんやったら、萌が遠距離恋愛で寂しい思いせんで済むからええなあと思った。しかし、それが現実になったら対外的にはなんて言うたらええんやろう。

「来年は、萌の彼氏が旅についてくることになりました！」やったら、全国に萌の彼氏を大公開することになってしまう。そいで、途中で別れたりしたら、それも全国にお知らせすることになってしまう。あたしは頭を抱えた。どうやって萌と佑之助のプライバシーを守ったらええんやろう。

でも、佑之助がついてきてくれたら萌はハッピーやろうなあ。あたしと長山も助かる。萌が十八歳ならば佑之助は十七歳。一方、長山は来年還暦であたしは五十三歳。あたしは長山よりだいぶ若いけど、女としては、第二のステップに入る時期にさしかかってる。毎年夏の暑さが堪えるようになってきた。

というのも、二〇一八年の夏は記録的な猛暑で、野外劇をするあたしらにはごっつ過酷やった。東京、大阪公演は熱中症が続出するほどの暑さに見舞われて、ほとほと参った。仕込みやバラシの日はくたくたになるし、我が家を兼ねた楽屋テントは、日中はサウナ状態や。あっという間に四十度を超えるから、下手したら死ぬでと涼しいところに避難する。

さらに、夜の公演では水でもかぶったみたいに全身汗だくになるから、ビールでもかっくらって横にならんと寝つかれもせえへん。池袋公演の二日目の夜中には、身体にたまった熱にほとほと参った。

どうにもこうにも暑くて寝られへん。仕方ないから、近くのコンビニに涼みに行った。ふらふらと飲み物売り場の前に立つと、冷蔵庫を開けた時のひんやりした冷気があたしを包む。「ああ！　涼しい！」生き返る感動に打ち震えたあたしは、両手を広げてそこに釘付けになった。でも、これはかなり挙動不審や。そこで、チラっと店員さんを観察してみたら、棚卸かなんかの作業をしてはる。あたしは死角になるとこに立って、身体の前を冷やし、背中を冷やし、存分に涼しい快感に満たされた。そいで、アイスクリームとカップ氷を買って楽屋テントに戻った。

長山と萌は寝入ってる。暗がりの中で食べたアイスはほんまに美味しくて、ウソみたいに楽になった。「はあ、これで寝れる」。タオルに撒いたカップの氷をクーラー替わりに抱えて目をつぶったら、いつの間にかすやすや寝てた。

こんな経験は初めてやったから、だいぶやばいんちゃうかと自分で心配した。しかし、野外劇は夏がかきいれ時や。夏の東京、大阪公演はかなり盛り上がった。この年の演目『赤いクツ』も好評やったし、ふんばる気力が湧いてくる。

とはいうものの、次の高松がまた暑かった。特に、直射日光にさらされる仕込みとバラシが辛い。長山も「もう限界だ～」とうめきながらへろへろになっていく。舞台をバラした後の銭湯では、二人してクーラーのかかった休憩室でグーグー寝たおした。公演は各地とも盛況やったけど、あたしらは家族三人で「今年の暑さは参るよな～」と嘆息した。

そんな中でありがたかったんは、残暑の雨や。雨が降ってくれるとほんまに涼しくなる。

九月下旬の博多の楽屋仕込みの日も、怪しい曇り空やった。楽屋テントを建ててしばらくするとパラパラと雨。テントの中がすうっと涼しくなってくる。恵みの雨で、あたしらはひと心地ついた。

しかし、今や恋に生きる萌は佑之助と電話するために、雨の中、携帯を片手に出かけていく。それまでの我が家は、小さな楽屋テントでいつも家族三人が向き合ってた。昼間はそれぞれの用事でばらばらに出かけたりもするけど、夜は三人でテーブルを囲んでるのが普通やった。なんかちょっと寂しいな～と思ってたら、長山が、「ラーメンでも食べに行こうかな～」と言い出した。いつもなら、「はいはい、行ってらっしゃい」と見送るとこなんやけど、呑みながら萌と佑之助のことを話したくなった。来月の熊本公演には、佑之助がやって来る。長山はずっと知らん顔してるけど、どない思ってるんやろう。

「あたしも行こうかな」

「珍しいなあ。久しぶりだね～」

博多の公演会場は、福岡の中心街、中州の南端にある清流公園やった。川を挟んだ向こう側はひらけた歓楽街。公園北側の川沿いの散歩道には、夕方になると屋台がずら～っと並ぶ。毎日、十六時頃になると清流公園の入り口から、ブオオオオンとエンジンを響かせながら屋台を引いたバイクが次々とやって来る。近代的な都市に仮設の屋台が並ぶと、街全体に人の血が通い始めたような感じがしてくる。連なる屋台村の灯りはあたたかく、壮観や。あたしらはすぐ側の屋台に入って乾杯した。

「あのさあ。長山さん、あの二人、長続きするんちゃうかなあ。どう思う？」

「さあ、ダメなんじゃない？」

「なんで!?」

「だってさあ、十七歳っていったら男はギンギンなんだもん。離れたら絶対浮気するな」

「もう！　そんな下世話なこと言うて」

「だって、男と女ってのはさ、一緒にいてなんぼだよ。この世には可愛くて魅力的な女の子がいっぱいいるんだから。まあ、佑之助が旅についてこない限り、確実に終わるな。でも　オレたちは安泰だ。オレ、来年還暦だから浮気しないし」

また何を言い出すことか。ほんま笑かしよる。長山って奴はいつもこんな感じや。この人と話してると、たいがいのことがどうでもええことみたいに思えてくる。

「あはは。何言うてんねん。あたしは五十過ぎてもまだピチピチやけどな。浮気なんぞめんどくさくてしたくもないわ。しかしやで、佑之助はマジで旅についてくるかもしれんねん」

「え!?」

「佑之助がこの間、オレが旅についていったほうがいいんじゃないかなあって、萌に言うたらしいわ」

「へえ、あ、そう」

「あの二人は、真剣やで」

あたしがささやくと、長山はぷっと吹き出した。

「何よ、マジで言うてんのに」

「いや、あの二人は遊びやでって言われたらびっくりするなと思ってさ」

「もう、笑かさんといてえや。なあ、どう思う?」

「わからんなあ。まあでも、佑之助がついてくるっていうのはいい話だよね。仕込みもバラシも楽になるぞお。オレたち、すごく助かっちゃうよね」

「せやんなあ。楽市も老齢化してきてるしなあ」

「あはは。だよねえ。でもさあ、旅の途中で二人が別れたら、それは、すごく辛い旅になるよねえ」

「今そこまで話を落とすか？」

「だってさあ、若い男と女ってのは、すぐにくっついたり離れたりするもんなんだって」

「いやいや、まだついてくるかどうかもわからんし」

「あるいは、佑之助が萌を連れて独立したいって言ったりさ」

「そやろか」

「ないとは言い切れないだろうなあ。オレたち二人取り残されたら、この旅はどうなるんだろうね」

「何言うてんの。そうなったら二人でやるしかないよな。今さらこれ以外の生活したいと思うか？　あたし、まだ十年は旅したいし」

「オレ、そんなに生きてるかな〜」

「知らんがな」

あたしらはこんないい加減な会話をしながら、ほろ酔いになって屋台を後にした。楽屋テントに帰ると、萌もすぐに戻ってきた。長山は機嫌よくさらに焼酎を呑んで、どうでもいいことをべらべら喋りながら座椅子で寝落ちしてしまった。

「なあ、佑之助ってどんな子なん？」

「う〜ん、真面目かなあ。いろんなことといっぱい考えてる」

「たとえばどんなこと?」

「食べ物のこととか、めっちゃ調べて気を付けてる」

「それは大事やな」

「ちょっとお父さんに似てるかもしれん」

「あ、そう。ほんならあたしらも仲良くなれるかな」

「たぶん」

「なれるわな。萌が好きなんやもんな。あたしらも佑之助が好きに決まってるわ」

「あはは」

そうや。ええ子に違いない。それは萌を見てるだけでも伝わってくる。それまでは、日々の雑事を忘れては長山に怒られたりしてたけど、最近はそれが減ってきた。自分の持ち物を片付けたり整理するのも不得意やったけど、かなりマシになったし、洋服のたたみ方も変わってきた。そういう様子を見てると、ますます熊本で佑之助に会うのが待ち遠しくなってくる。そんなんやったから、仕込みやバラシでくたびれると、思わず無責任な言葉が口をついて出てしまう。

「ここに佑之助がおってくれたらええのになあ」

「ほんとだよね。作業がむちゃくちゃ楽だろうな〜」

長山もそない言うてあははと笑ってる。

そしたらそれを萌が電話で話したらしい。佑之助は、「オレがいてあげられたら良かったのにね」て言うてくれたんやて。なんて優しい子やろう。あたしの胸がきゅうんとしてしまうやんか。

「お母さん、佑之助が山梨を出発したって」

佐賀公演の初日に萌がそう言うた。

「あ、そう！　いつ着くん？」

「熊本の舞台仕込みの次の日」

「えらい長いことかけて来んねんなあ」

「うん。原付やしな。でも、旅すんのが好きやからな。いろんなとこに寄りながら来んねんて」

あたしらも、毎週移動しながら公演してるけど、ようやるわと感心する。ちょこちょこ泊まりながら来るいうたかて、連日の移動はかなり疲れるはずや。

「若いってすごいなあ」

「オレもさ、昔したことあるよ。原付で東京から大阪まで野宿しながら行ったなあ」

「佑之助も、どっかで一日野宿せなあかんって言うてたけど、たぶん大丈夫。けっこう泊めてくれる人と出会うもんなんやて」

「へえ、逞しいなあ」

「うん」

萌はやたら落ち着いてる。佑之助に告白された日もそうやったし、つきあいだしてからも、恋する女って感じがあんまりせえへん。もうちょっとウキウキしてもよさそうやのに、そういう気配がまったくない。不思議や。どっちかいうと、あたしのほうがソワソワしてて、「今日はどこまで来たん？」

て聞いてしまう。そして、熊本に着いて楽屋仕込みを済ませたら、またうっかり、「いよいよ明後日やな」て言うてしまう。そしたら萌が初めてウキっとした笑顔を見せた。

「お母さん、佑之助がな、明日着くって」

「え、明後日とちゃうかったん?」

「うん。でもな、一気に走って来ることにしてんて。そやから、明日の夕方には着くねん」

さすがに嬉しそうや。よかった、よかった、とあたしの乙女心も高まった。そやから、次の日の夕方に佑之助が着いた時にはハグして迎えたいぐらいの気持ちやった。

愛のホームラン

しかし、三カ月ぶりに再会を果たした萌と佑之助は、長年の友達みたいにえらい落ち着いてる。なんでなんやろう。親の前やからかな。それにしても、じっと熱く見つめ合うとか、この二人にはなんでそういう恋人らしさがないんやろう。まるで姉弟みたいや。微笑ましすぎる。しかし、それが十代の初々しさというものなんやろうか。と、五十過ぎのおばさんは思ってしまう。

でも、動じることがない佑之助の落ち着きかげんは、あたしらもほっとさせてくれる風情に満ちてて、すごく好感がもてた。話しかけるとにこやかに応じてくれるし、黙っててても沈黙にドキドキさせられることがない。そして驚いたのは、他人が怖い猫そらが、佑之助をすんなり受け入れたことや。のったり近づいて匂いを嗅いでる。

その日から鹿児島公演の楽日までの九日間、楽屋テントで一緒に生活する予定やったから「これは楽や」と安堵した。長山も「あいつって、一緒にいてもぜんぜん疲れないな」とにこにこしてた。持ってきた荷物もシンプルにまとめられてるし、靴を脱いでも綺麗に揃えてある。食べ物の好き嫌いが多少あるみたいやけど、出されれば「食べてみます」言うて箸をつけてくれる。

あたしはすっかり嬉しくなって、ついついまた口を滑らせてしまう。

「佑之助は萌と結婚して旅についてきたらええやん」

「あはは」

とみんなが笑う。しまった！　また余計なことを言うてもうた。あたしがプロポーズしてどないすんねん！　つきあいだしてまだ三カ月の、しかも十代のカップルに、いきなり結婚とか言うてどないすんねん！　ああ、言い過ぎてしまったー！　と心の中で赤面する。しかし、それでもあたしの口は止まらへん。喉元すぎればなんとやら。その数日後に、また思わせぶりなことを言うてまう。

「佑之助は旅が好きなんやってな」

「はい。旅は好きです」

「旅はいいよなあ」

そこまで言うて、これ以上言うたらあかん！　とストップをかける。しかし、なんともモヤモヤする。佑之助はいったいどうするつもりなんやろう。マジで旅についてくる気はあるんやろうか。二人でどない話してるんやろう。萌は佑之助が会いに来てくれただけで満足してるんやろうか。でも、心底好きやったら絶対一緒にいたいはずや。とはいえ、萌は意外に奥手で、しかも呑気ときてる。ひょっとしたら、佑之助が旅についてくるのが嫌なんやろうか。なんて言うたかて、旅は親付きや。

数日後には、佑之助はまた山梨に帰ってしまう。これが遠距離恋愛のままやったら、萌は哀しいめにあうんちゃうやろか。あれこれ思うと、これからの二人の仲が気になって、こっちがやきもきしてしまう。ああ、『男はつらいよ』で寅さんが恋するたんびに右往左往する、とらや一家の気持ちがわかりすぎるほどにわかってしまう。それでやっぱり、あたしは我慢できずに萌にこっそり聞いてしまう。

「あのな、萌は佑之助が旅についてくるのが嫌なん？」

「ううん。それは二人で話してんねん。あたしの気持ちは佑之助にもう言うてあるし」

「あ、そうなんや。それって、ついてくる方向でってこと？」

「そやで」

なんや、そうやったんか。取りこし苦労とはまさにこのことや。やっぱりついてくるんや。よし、これで二人は大丈夫や。一気に曇り空が晴れた。あたしは、萌と佑之助がおらん時を見計らって、そっと長山に打ち明けた。

「佑之助はやっぱり旅についてくるみたいやで」

「あ、そう！」

「ええやんな」

「いいんじゃない。じゃあ、明日の舞台バラシはいろいろ覚えてもらう方向で、佑之助を仕込んでいくか」

「せやな」

　そして次の日。熊本公演楽日の投げ銭を数えた後に朝昼兼用のご飯を食べて、あたしらは舞台バラシに取りかかった。萌は状況をようわかってて、「佑之助はお父さんを手伝ってあげて」と言うたまま、あとは知らん顔してる。佑之助は優秀やった。とにかく人柄が落ち着いてるから先を急ぐことがない。そして頼みやすい。覚えは早いし、仕事もきっちりしてる。あっという間に舞台バラシが終わった。なんと、所要時間は二時間半をきった。普段やったら、秋で三、四時間。夏やと休憩が増えるから五時間コースや。

「すごい、めっちゃ早いやん。佑之助がいるだけでこんなにちゃうねんなあ。ありがとう！」

「いや〜、楽だったな〜」

　佑之助はあははと笑い、萌は「そやろ」と言わんばかりに誇らしげや。そして二人は自転車で銭湯に行く言うて、いそいそ準備して出かけていった。手を振って楽屋テントに入ると、長山がパイプを吸いながらまったりしてる。

「今日は助かったなあ」

「ほんとだね」

「今から来年の旅が楽しみやわ」

「でもさ、佑之助が旅について来るなら、やっぱり役者もやったほうがいいんじゃないかなあ」

「え！　佑之助は芝居したことないやん」

「まあ、未経験者だよね。でもさ、スタッフとしてついてくるだけだと、一緒に旅してても虚しくなっちゃうんじゃないかなあ」

なるほど。確かにそうかもしれん。あたしらのやり方は、全部自分らでやることに意義がある。劇場造りもやって、お客さんも自分らで迎え、役者としても舞台に立つ。芝居中の生演奏にこだわってるのもおんなじことや。そんな生き方を芝居に乗せてる。だから、一緒に芝居をやってこそ、楽市楽座の旅の楽しさが味わえるんや。あたしは、次の日に、鹿児島に移動する車の中でこのことを萌に話してみた。

「あのな、お父さんがこない言うてたけど、どない思う?」

「そやな。佑之助はできると思う。声もええし、身体も動くし、役者に向いてると思うねん」

ほう、萌はそんな風に佑之助を見てたんか。これは驚きやった。

「あ、そう。ほんなら佑之助に話してみてくれへん? 旅についていきたいって、佑之助の口からお父さんに言うてもらったほうがええと思うわ」

「うん。そやな。わかった。ご飯食べる時にでも言うてもらうわ」

「よっしゃ。ほな、そうしよう」

こうして迎えた鹿児島での夕飯時。あたしは、萌と佑之助がどんな風に話を切り出すのかドキドキしてた。これは娘と結婚したい恋人が、娘の父に「お嬢さんをください!」と言いに来るアレに似てる。あたしの経験上、そういう時の恋人ってツッコミたくなるぐらいじれったかったりすんねん。その横で娘がじれっと手に汗かいて「はっきり言えや」とか思う。親のほうもわかっていながら、のらりくらりと世間話をしてしまったりする。果たして佑之助は、長山に「旅についていきたい」てはっきり言えるんやろうか？　そいで、大事な時にあまのじゃくに変身してしまったりする長山が話の腰を折っていったりせんやろうか。それにや、話がまとまったとしても、佑之助を萌の彼氏として楽市楽座の関係者やお客さんに紹介してええもんか。あたしは手に汗を握ってた。

「いただきます！」

思わず気合いが入って、いつもよりでかい声が出てた。長山の方は、すでにあまのじゃくに変身しそうな気配を漂わせながら、へらへらした笑みを浮かべて箸を持つ。さあどうなる⁉　と身構えたら、佑之助は、悠々たる面持ちで長山にすっぱりと言うた。

「来年は自分も役者をやって、一緒に旅をしようと思います」

一気にきた！　カッキーン！　こりゃあ満塁ホームランや！

「ああそう。うん。いいんじゃない」

長山はゆるみまくって、こよなく優しい、福の神みたいな笑顔になってた。すると、今度は萌が間髪入れずにもう一発打った。

「そいで、佑之助が来年十八歳になったら籍も入れようと思ってるし」

あたしは不意打ちの一本背負いでぶっ倒れた。なんちゅう大技。一分の隙もない。圧巻の勝利や。

「おめでとう〜！」

「ああ、びっくりした。でも、良かった。いやな、萌は旅生活してるから恋愛には苦労するんちゃうかなってひそか心配してててん。でも、まさかこんなに早くめぐり合うとは」

「もう～、お母さんはすぐそういうこと言うから～」

「あ、ごめん、ごめん。あの、ふつつかな親ですが、どうぞよろしくお願いします」

あたしがうるっとしながらそう言うたら、佑之助は佇まいを正して軽く頭を下げた。

「こちらこそです！」

萌はええ子と出会ったもんや。お似合いのカップルや。あたしは万歳三唱したいぐらいやったけど、それはまだ早いと気持ちを落ち着けた。

「あの、うちはぜんぜんええんやけどな。佑之助の両親にはもう話してあるん？」

「あ、いえ。それはこれからです。でも、すごく喜んでくれると思います」

これまた意外な言葉が返ってきた。しかし、ほんまやろうか。聞けば、佑之助は三人姉弟の末っ子で上二人は女の子や。石原家の長男の佑之助が、うちみたいな旅芸人の家に婿入りするみたいなことになって、ほんまにええんやろうか。

「もうつきあってることは知ってはるし、たぶんこうなるやろうって思ってはると思う」

またしても、萌がきっぱり言う。

「そうなんか？」

「はい」

佑之助も自信たっぷりや。

「まあ、とにかく、早いこと親御さんに話すのが先決やな」

「うん。これから電話するし」

出た！　この子らの必殺技。電話や。この二人はつきあうと決めたその日から、一日も欠かさず、夜な夜なＬＩＮＥの無料電話で愛を暖めてきたんやった。よくもそれだけ話すことがあるもんやと呆れ果てるほどに。毎夜、毎夜、二時間も三時間も電話で話し続けた。その時間を足したらいったい何十時間になるんやろうか。ＲＣサクセションで『2時間35分』いう唄を書いた忌野清志郎もきっと真っ青になるはずや。そうか、ということは、佑之助の両親もそれを見続けてきたに違いないわけや。あたしらかて、夜ごとに電話しにいく萌を見て「かなり本格的やな」とささやきあったもんやった。まあ、そんなことをあれこれ思えば、先方の親御さんがすでに二人の結婚を予感しててもおかしくないかもしれん。萌があたしにあれこれ話したように、佑之助も色々話してるはずや。

しばらくすると、萌と佑之助は余裕の笑顔で帰って来た。

「佑之助のお父さんとお母さんが、やっぱりそうなると思ってたって、めっちゃ喜んでくれはったで」

「マジか！」

もう何を心配しても取り越し苦労にしかならんらしい。その満ち足りた日はお月さんが綺麗やった。晴れ渡った夜空に浮かんだお月さんが、二人の愛を祝福してくれてるようやった。

佑之助の歩みと夢

佑之助はスポーツマンでめっちゃ身体が動く。子供の頃から続けてたテニスは相当な腕前やったそうや。やから、高校はテニスの有名校に推薦で行けることになってた。でも、中学の校則があまりにも厳しすぎて、学校そのものが嫌になってもうた。だから、テニスで入れる言われても、行く気ゼロやったそうや。中学の校則の話を聞くとびっくりする。下駄箱の靴の入れ方まで決まってたんやて。きっちり指定された寸法通りに靴を置かんと注意されるという厳格さや。髪の毛も男子はみんな短髪にせなあかんかった。その髪の長さまで決まってる。そんな生活、強いられたら誰でも嫌になるわなあ。

しかし、「高校は行かなあかんもんや」いう頭があったから受験勉強はしてた。でも気乗りがせん。「進学して何になるのかなあ」、そんな思いを抱えてどんよりしてた。テニスも一生懸命やってきたけど、「試合は勝ってなんぼ。人を蹴落としても勝て」て指導者に言われてから嫌になった。佑之助が強かったからハッパかけるつもりで言いはったんやろうけど、逆効果になってもうた。「それって違うよな」と思ったんやて。そりゃあそうや。本来のスポーツマンシップはそれとは真逆のもんや。佑之助はしばらく悶々と考えて、ある日、思い切ってお父さんに言うた。

「僕は、高校に行かずに農業したい」

「……わかった。そんなに嫌なら無理しなくてもいいよ」

佑之助は、放置されてる農作地を復活させたいっていう夢をもってた。それをよう知ってた両親は、すんなりわかってくれた。そいで、お父さんが知り合いに相談してくれた。

「自然栽培してる農家でお米作りの勉強ができるんだって。秋田だから遠いけど、行くか？」

途端に生き返ったような気持ちになった。お父さんとお母さんはその様子を見て、好きにやらせるのがええと思ったそうや。

同級生たちはびっくりした。そりゃあそうやろうなあ。たった一人で住み込みで秋田に行ってしまうんやもん。でも、十五歳の佑之助が秋田に向けて出発する時は、友達が皆で見送りに来てくれた。

「電車の戸が閉まった途端に、これでよかったのかなって思ってしまいました」

車中から、友達がワイワイ話しながら帰る姿を見てたら、急に寂しくなってもうたんやて。なんせ十五歳やからなあ。

ようやくたどり着いた修行先は、ごっつ田舎やった。

誰も住んでない大きな古民家に一人で住んだ。畑から家に帰る道は真っ暗や。家が大きすぎて怖いから、いっつも布団を被ってたんやて。住み込みで学ぶ期間は九カ月。世話になった菊地晃生《こうせい》さんは若く、背の高い二枚目や。子育てしながら地域のネットワークも育てて、新しい農業の形を模索し続けてる。

「ファームガーデンたそがれ」、「たそがれ商店」、「たそがれ野育園」をやりながら「たそがれ杵搗き玄米餅」を作ったりしてる。佑之助は、ただただ言われたことをやる日々で、雑草の草抜きばっかりしてた。佑之助は料理が上手なんやけど、それはここのまかないで覚えたそうや。晃生さんの奥さんがごっつ料理が上手やったんやて。子供たちの面倒を見ることも多かった。もちろん農業のことも教わった。晃生さんには聞きたいことがいっぱいあったけど、子供やった佑之助はよう聞かんかった。

同世代の友達がおらん環境やったから、高速道路を見上げては「ここを走ったら山梨に帰れるなあ」て思ってたんやて。周りの大人からは「せめて高校は行け」てよう言われたそうや。寂しくて、しょっちゅうお母さんと電話してた。お母さんは、遠い地で独りきりの佑之助を思うたんびに胸がきゅうんとしたんやて。「でも、親は見守るしかないんですよね」とも言うてはった。ほんまやなあ。親がレールを敷いてあげるより、自分で生きる道を見つけるほうがええ。「子育ては待つもの」いうことやろうなあ。

秋田での九カ月が過ぎて、次に行ったのは山口県。無農薬農業をやってる村やった。でも、晃生さんのとこで修行した佑之助にとっては、とても無農薬とは思えんかったそうや。だからずいぶん反発して意見も言うたらしい。

「村のやり方も農業も、なんにもわかってないくせに文句を言うな。だったら自分でやってみろ」

そう言われてカチンときた佑之助はむーんと考えて、オーガニックな味噌を作ったり、畑のやり方を変えてみたりしながら、自分なりに無農薬農業を始めてみた。味噌はうちに来てからも作ってくれた。これがなかなか美味しいんやで。

しかし、関われば関わるほど、農業で身を立てる難しさがわかってくる。とにもかくにも生きていくには仕事が必要や。佑之助は山梨の実家に戻ってバイトするようになった。心配して仕事を紹介してくれる人もあって、なんと、ニュージーランドの車屋さんにも働きに行ったりしてる。でも、十七歳で観光ビザしかとれんかったから三カ月で帰ってきた。

寺子屋の仕事を薦められて行ってみたら「君はこの寺を継ぐ顔つきをしてる」言うて長時間の説得と説教を受けたこともあるんやて。知り合いの農家さんからは、「農業だけの収入でやっていくのはなかなか難しいから、両立できる仕事を探したほうがいいよ」っていうアドバイスももらってた。

そうこうしてる間に、ニュージーランドで興味を持った珈琲のことをもっと知りたくなった。地元で珈琲専門のカフェでバイトしてみたら、さらに本格的に勉強したくなる。それからは、東京の珈琲会社の社員募集に履歴書を送るようになった。しかし、全部はねられる。理由は中卒やからや。どんだけ熱心に手紙を書いても面接すらしてもらえへん。それでごっつい落ち込んでもうた。

そんな時に、秋田の晃生さんが人手を募集してたから手伝いに行った。そしたら、晃生さんと仲良かった、秋田の受け入れの満里子さんが、山形県酒田市の『赤いクツ』公演に佑之助を連れて来た。それが、運命の出会いになったわけや。

満里子さんは、マジで愛のキューピットになってしまった。酒田の公演会場、日和山公園のやすらぎ広場は愛のパワースポットやで。酒田いうたら楽市楽座が仲良くさせてもらってる、歌手の白崎映美さんの故郷や。そういえば、映美さんが初めてゲスト出演してくれたのも、この『赤いクツ』酒田公演やったなあ。

そんなことも、今はみんな懐かしい思い出や。

あたしは、まだまだ佑之助との付き合いが短いから知らんことばっかりや。でも、離れて会えんようになっても、やってることを見てたら少しずつわかってくる。佑之助が十五歳で農業をやりたいと決意した心は、ほんまもんや。それはダイアモンドの原石のように、深い光を放ち続けてる。自然にも、人にも優しい農業に、身体を張って挑んでる。楽市楽座を退団して、萌と山梨に帰ってからも、バイトのかたわらで土に向かい続けてきた。そしてついに、放置された農作地を耕してお米を作った。あたしはそれを知って、うるっとしてしまった。佑之助もまた、ドリームタイムな道を歩んでるんや。

力を合わせて乗り切ったコロナ禍

四人でやった初めての芝居は、二〇一九年の旅公演『かもしれない物語』や。

「いつか萌ちゃんが出ていくと思ってたら、結婚して四人になるなんて！」

て言うてくれた人があったけど、ほんま皆さんそう思ってはったんちゃうかな。あたしらかてそう思ってた。ほんま青天の霹靂やった。そいで、佑之助の存在は刺激的やった。なんせ身体がよう動く。腹筋しても、あたしらとはスピードが全然違う。

「あのさあ、ちょっと反復横跳びしてみてくれへん？」言うたら、ササッササッと左右に移動する。

「すごいなあ。ひょっとして、ジャンプしたら天井に手が届いたりする？」

「たぶん、できると思います」。ひょいっと飛んだら、ばっちり天井をタッチしてまう。

「すごいなあ！」

我が家ではそれから筋トレが流行ってもうた。佑之助を見てたら、なんか急に、えらいサボってきたみたいな気になってくる。すると、ちょっとやるだけで気持ちは晴れやかになるし、身体の疲れもとれる。『かもしれない物語』を見た人達は、みんな佑之助にびっくりした。身体は動くし、飛べば高いし、声も出る。「とても芝居が初めてとは思えない！」。皆さん口を揃えてそう言うてくれた。

白馬にまたがったプリンス役もようウケたし、萌と佑之助が演ってた若いカエルが結婚するシーンもあって、お客さんはノリノリや。皆がおめでとうの拍手を送ってくれた。

「すごい婿さんが入ってきたね！」と大好評。お客さんもいっぱい来てくれた。おかげで旅公演は大成功や。

しかし、意気揚々と旅から帰ったら、いきなりコロナ騒ぎが起こった。翌年の旅公演のタイトルは『風に吹かれて』。いつものように準備は進めてたけど、世間は騒然としてる。

「はあ、こんな状態でやっても旅が辛くなるだけだよね。思い切って今年は全部やめよう」

「そうやな。残念すぎるけど、みんなでバイトして乗り越えるしかないよな」

九歳からずっと旅してきた萌は茫然としてた。まさか旅をせえへん時が来るなんて想像したこともなかったからや。旅芝居をやっていきたかったからこそ、佑之助を楽市楽座に引き込んだ。

「心にぽっかり穴があいたみたい」

そう言うて、ぽろっと涙をこぼした。

しかし、萌はそれでも逞しい。一番先に、配達のバイトを決めてきた。長山と佑之助もすぐに配達のバイトを見つけた。でも、あたしだけなかなか決まらへん。履歴書も送るし面接にも行くんやけど、全部落とされる。そいで、心の中では「今さら芝居以外のことして働きたくない。やるなら楽市楽座の仕事や」いう声が響き渡ってくる。

「あのさ、こんな状況やけど、うちには芝居のＤＶＤとＣＤがいっぱいあんねん。あたしらは、それを売る努力をするべきやで」

しかしみんな「ウソやろ？」てな顔してる。

「お母さん、仕事する気あんの？」

萌がズバリと聞く。

「でもさ、見つからないのは仕方ないんだし、キリコは家にいて家事をやったらどうかな。四人共が働きに出たら家の中が荒れると思うよ」

長山が助け船を出してくれた。

「あたし、この際やから家事しながら洋裁の勉強もするわ。今まで衣装作ってきたけど、まともに洋裁を学んだことないし。そいで、来年は海月《くらげ》文庫で個展する」

「いいんじゃない。好きにすれば」

よっしゃ、これで決まりや。海月文庫はご近所のギャラリーや。小さいけど知る人ぞ知る。腕のある作家さんたちが集ってくるから、年間の個展スケジュールはびっしり。萌もその一人や。楽市楽座を応援してくれてはるから、あたしの個展も喜んで受けてくれはった。それからのあたしは、家事と個展の準備をしながら、劇団サイトでＤＶＤとＣＤの物販を始めた。すると、毎日、少しずつ注文が入ってくる。あまりの反応の良さにマジで涙が出た。そいで、気が付いたらそこそこの収入になってる。前に『宝の島に会いたくて』いう本を自費出版したら一二〇〇部が完売したから、エッセイも書いて売ってみた。そしたらそれもちょこちょこ売れた。家族はみんな目を丸々させてる。

「へえ～、意外と売れるもんなんやなあ～」

「すごいですね」

「これが続いてくれると助かるよねえ～」

個展は来年の二月やったから、しばらくは洋服の型紙のとり方を勉強することにした。個展までするんやし、オリジナルな作品づくりをしたかったからや。生地は、本町の安い古着屋さんで持てるだけ仕入れてきた。そないしてたら、お客さんが「キリコさんの作った服が着たい」言うて、注文してくれた。それもめっちゃ勉強になったし、喜んでもらえたのが励みになった。

個展のタイトルは『楽民族』。着物の生地で洋服をたくさん作った。そいで、その年は、楽市楽座の三十周年やったから、せめてもと記念の展示をした。そのコーナーを萌に任せたら、めっちゃ工夫してくれた。萌はほんまに楽市楽座が大好きや。

連日たくさんの人が来てくれて、洋服は順調に売れていく。週末は、会場の海月文庫でライブイベントもした。三十周年記念として、佐野キリコが唄う楽市楽座名曲集ＣＤ『しいしい』と、長山現が唄う楽市楽座名曲集ＣＤ『海賊の唄』を作ったからや。

あたしの個展やからライブのタイトルは『しいしい』。長山のギターで、あたしが楽市楽座の曲を唄い踊る。ところが、これがコロナの規制に引っかかって、お客さんは十名様限定。「アイタ～」てなったけど、二回とも満席で楽しく盛り上がったし、その投げ銭がめっちゃ助かった。二回目のライブの後には、萌と佑之助が可愛い花束をプレゼントしてくれて、なんとも嬉しかった。

個展が終わったら、残ったのは三着だけ。『楽民族』は大成功。そんなこんなで、気が付いたら、あたしはそこそこ稼いでた。

「あのな、あたしは家にいることになったけど、個展と物販の売り上げで、バイトで予定してた目標を達成できてん」


家族は思わず「おお〜」と声をあげた。

萌はバイト先の人らに可愛がってもらって、楽しそうに仕事してた。職場の人ともしょっちゅう呑みに行ってたし、その仲間があたしの個展も見に来てくれた。バイト先の人らは、萌が入ってから仲良くなったそうや。それまでは皆で呑みに行くとかなかったんやて。萌にそんな人間力があったとは知らなんだ。あたしはすっかり感心してしまった。

佑之助は、こつこつマイペースでピザの配達をしてる。長山は知り合いのツテで、ホームデリバリーの「よつ葉」で配達をしてた。佑之助と長山の話を聞いてると、デリバリーの仕事はえらい重労働や。佑之助がやってたピザの配達は時間がまちまちで生活ペースが安定せえへん。大学生が多いから急に休む子が出てくる。佑之助は真面目で皆勤やったから、休んだ子の穴を埋めるために呼び出されることがわりにあった。責任感も強いから店を閉めるのも頼まれる。そうすると帰りは夜中の零時を回ってしまう。唯一の救いは、原付で走るのが楽しかったことやねんて。

長山はよつ葉の配達で、ようさん荷物を持って階段を登ったり降りたりせなあかんかった。大変なとこに住んでる人ほどようけ注文しはる。しかも朝は早いし、ずっと筋肉痛で大変や。そいで、ひとつ配達を間違えようもんなら、全部に電話して確かめなあかん。不在やと、そこまで確かめに行かなあかん。最後らへんにはノーミスでできるようになったけど、慣れんうちはよう間違えて、へろへろになって帰ってきた。

週五日出勤がハードすぎて、帰ると椅子に座ってじっとうつむいてる。見るに見かねて「出勤回数を減らしてもらったら?」て言うても、「その約束で雇ってもらったのに」と機嫌が悪くなる。でもやっぱし、自分から頼んで週三日にしてもらった。

それで少しは余裕ができたけど、ある日、珍妙なことをやらかした。

長山は酔うと椅子で寝てしまう。いつもやったらそこで寝込んでしまうのに、その日はふら〜っと立ち上がって部屋を出て行った。しばらく経っても戻ってこんから「もう寝たんやな」と思ってた。ところが、またふら〜っと戻ってきて椅子にどさっと座る。

「なんで？　もう寝たらよかったのに」

「はあ？　何言ってんの〜。私は仕事をして来たんです。リンゴとか納品してきたの」

めっちゃ感じ悪くそう言うて、また椅子でグーっと眠ってしまった。こらあかんわ。この酔い方やとトイレがびしょびしょやったりするかもしらん。慌ててトイレを覗いたら、意外と綺麗や。でもタオルがない。「もしや二階のトイレがやばいんか?」と見に行ってみた。すると、なんと！　予備のトイレットペーパーの上に、赤いリンゴがふたつ納品されてる。「ウソやろ?　信じられへん」と思いながら二階に戻ろうとしたら、一階の廊下に置いてたリンゴの箱が開けられてる。「うわ〜、マジや。マジやったんや。マジで納品してたんや。この夜中に！　しかもトイレに！」あまりも面白すぎて、一人で笑い転げた。

そして次の日、洗濯物をしまおうと二階の和室に入ったら、箪笥の上にリンゴとトイレのタオルが納品してあった。「うおお、こんなとこにもリンゴが納品されてる！　しかもトイレのタオルまで！めっちゃ綺麗にたたんで納品されてる！」。そしてさらに、玄関の小物入れにも、ちぎったトイレットペーパーが納品されてるのを発見してしまった。もう抱腹絶倒や。可笑しくて可笑しくて、また一人で笑ってまう。しかし、これは片付けたらあかんで。長山に確認させな、なかったことになってしまうもん。

「ただいま～」

「おかえり～。あのな、昨日の夜中、我が家ではリンゴ納品事件が起こりました。知らんやろ？」

「何それ？」

あたしは、長山が知るはずもないリンゴ納品事件の現場を案内してあげた。本人は、見るたびに「ええ⁉」、「ええ～⁉」と驚愕して肩がひくひくしてる。

「これ、ほんとにオレが納品したんだよね？」

「そやで。あの夜中に。たぶん夢の中で」

「ウソだろ～。オレ、大丈夫かな～」

ああもう可笑しい。可笑しすぎてお腹が痛くなる。思い出すたんびに笑けてくる。帰ってきた萌にも話したら、倒れ込んで大笑いしてた。やっぱしお腹を抱えてる。佑之助も肩を震わせて笑う。もう家族で大笑いや。

「オレって危ないよね〜。笑って済んでる間に節酒しなきゃね〜」

その横で長山がそう言うもんやから、またみんなで笑った。

そして、長山は二日間、禁酒した。懸命や。


そんなこんなで、あたしらは一番大変やったコロナ禍を切り抜けた。みんなようがんばった。あたしらのピンチ駆け抜けはいっつも自力コースやけど、この時ばかりは間に合わず。持続化給付金を満額もらった。続けていくために。芝居で生きていくために。


「一年も休んだんだし、来年はやるよね」

「当たり前やで。こんなこと、いつまでもやってられへんで」

「そうですよね」

「がんばろう〜」

みんなやる気満々や。

「中止になった『風に吹かれて』をやる手もあるけど、オレは新作を書きたいんだよね」

「ええやん。そのほうが新鮮やわ」

「よかった。タイトルも決まってるんだ。『うたうように』。どう?」

そう聞いた瞬間、みんなが笑顔になった。

「ええやん。なんかすごくほっとするし、希望が湧くわ」

「うん、お父さん、すごくいいと思う」
「ほんとに、いいですね」
「よし、じゃあこれで決まりだな」

二〇二一年旅公演『うたうように』

一年ぶりの稽古は、萌と佑之助の成長に目を見張った。実に練られた芝居を稽古にもってくる。二人して、見せ方を考えたんやろうなぁ。

この芝居は、火と石、水と風の物語や。火の名前はボウボウ、石はゴロゴロ、水はサラサラ、風はピューピュー。まるで絵本をめくるように世界の始まりを唄う。

萌は、固まった氷になる、という難しいシーンがあったけど、初回の稽古から「こうしたい」ともってきた演技プランがすでに面白かった。長山には「何も言うな」て言われてたけど、稽古を見てるうちに、「面白いからもっとやったほうがええ」と口を出してしまう。

萌はあたしに言われるのが面白くないらしく複雑な顔してたけど、やったほうがええもんはええ。長山のギターに合わせて膨らませたらどんどん良くなっていく。あたしはすごいなあと感心した。佑之助も、一人でもたせる長丁場を、初回の稽古から仕上げてきたからびっくりした。暴れん坊の風を全身で見せる。飛んだり跳ねたり、よう動いて、目に楽しい。ハードなはずやのにやってる佑之助が楽しそうや。そして、水と風が戯れるシーンも、まるでダンスシーンか、と思うような仕上げ方をしてきたから、ほとほと感心した。踊るように、唄うように、水と風が遊んでる。

「面白いじゃない〜」

長山はいたく満足そうや。

「舞台に立つのは役者だから、自分でもってきて初めて生き生きしてくるんだ」

まったくその通りや。これはええ芝居になるわ。そいで実際、旅に出たらどこも大盛況。子供も大人もみんなすごく楽しんでくれた。こんだけ萌と佑之助がやるなら、これからはもっと二人をメインにしていかなあかんなあ。長山も、あたしも、そない思ってた。

しかし残念なことに、萌と佑之助は、この年の公演を最後に退団することになった。

それがわかったのは、旅の最後の沖縄で、名護と那覇公演を残すのみいう時やった。

なんでか知らんけど、名護で楽屋仕込みを終えた夜に、萌と佑之助に来年もやるか聞いとかなあかんなあと思って眠りについた。そして明くる朝、みんなで食卓を囲んだ時に、「来年もやるよな?」て二人に聞いた。すると、萌が困ったような顔して「今年で最後にする」と答えた。二人はこの旅をする前から、楽市楽座を辞めて佑之助の実家に帰ると決めてたそうや。実家のカフェを手伝いながら、佑之助は農業を、萌は綿を育てて、作品をつくって生きていくと言い切った。

なんちゅう虫の知らせや。そんなんやったら、あたしが聞く前に話してほしかった。しかし、すべては後の祭りや。あたしと長山は、肩を落とすしかなかった。

あたしらは、生きたいように生きてきたから、若い二人が辞めると決めたんなら見送るしかない。それに、いざ辞めると言われたら、「ああ、だからか」とも思った。なんでか言うと、楽市楽座は家族四人になって良くなったけど、がぶり四つで芝居を作ってるいう実感は薄かったからや。でもまあ、それはこれからの課題かなあと思ってた。でも、これが限界やったんや。

そう諦めつつも、あたしらは相当なショックを受けてた。長山は「モヤモヤする」て言いながらも気持ちを切り替えたけど、あたしはそれができずに、那覇公演の時に、萌と佑之助の前で泣いてもうた。萌と佑之助は、旅する前に辞めるって言うたらあたしらがごっつい怒ると思ったそうや。確かに、聞いてたら嵐が吹き荒れてたかもしれん。佑之助には、それが耐えられんかったんやろうな。萌はそんな佑之助の気持ちを汲んで黙ってたんや。

思えば、あたしと長山は芝居にとりつかれたように生きてきた。けど、そんなあたしらと若い二人はぜんぜん違う。それでいいし、それが当たり前なんや。

こうしてあたしらは、道を分かつことになったけど、舞台に立てばひとつのものになる。それが舞台のええとこや。お互い生身で真剣勝負。その日のお客さんと一緒に、ひとつのタマシイになって燃え上がっていく。二〇一一年の旅公演『うたうように』は、最後と決めた若い二人が目一杯輝いて、すごく華やかな音楽劇になった。どこに行っても好評やったし、たくさんの人達が見に来てくれはった。受け入れさんたちも、ほんま喜んでくれはった。

それだけに、あたしらとおんなじようにショックを受けた人達もいてはるやろう。それを思うと申し訳ないけど、これもまた人生。

旅のラスト、名護と那覇公演は、萌と佑之助のさようなら公演になった。

あたしら家族は『うたうように』で、火と石と、水と風になる。火の名前はボウボウ、石はゴロゴロ、水はサラサラ、風はピューピュー。ボウボウとゴロゴロはあたしと長山、サラサラとピューピューは萌と佑之助や。消えかかってよろよろになってる火のボウボウであるあたしと、年老いた長山の石のゴロゴロが出会って愛を爆発させる。燃え盛ったボウボウは、萌が演った水の精サラサラが閉じ込められた氷を溶かしてあげる。水になって生き生きしたサラサラは海になって、暴れん坊の風である佑之助ピューピューと、愛の嵐を巻き起こして火と石を吹き飛ばしてしまう。今にして思えば、我が家に生まれた萌が、佑之助と出会って嵐を起こし、あたしらを吹き飛ばしていく物語のようやなあ。

そして、『うたうように』は、火のババアであるあたし、ボウボウの昔語りやった。それは嵐の夜に、石と水と風という家族に語られた。もうボケてしまったボウボウが続きを忘れるたんびに、水と風がお客さんを巻き込んで、「そーんでそれからどうなった。こうなったんか、そうなったんか」と大合唱する。ほんま、生きてるってことは、「そーんでそれからどうなった。こうなったんか、そうなったんか」ていうようなもんやなあ。

そして、水のサラサラと風のピューピューが起こした嵐は、ずっと続く。そう、我が家でも、萌と佑之助の退団という嵐が吹き荒れた。そんな嵐が吹き荒れる中で、ボウボウのあたしは、世界がイノチで満たされていく気配を感じる。すると、なぜかみんなの鼻がムズムズしてまうんや。

ムズムズムズ　ムズムズムズムズ
ケハイを知らせる　ムズムズムズムズ
生まれてきた　うたうように　生まれてきた

石ころから種ひとつ　やがて木になり　森になった
水の中に卵ひとつ　やがてクラゲや魚になった
風の中では虫や鳥　恐竜が空を飛び回った
火は花になり　タマシイとなり　そこら一面咲き誇った

にぎわう　にぎわう　ムズムズムズムズ
うたってる　うたってる　ムズムズムズムズ
今じゃ風の中を飛行機が　海の上を船がいく
火はお湯わかすし　風呂わかすし　石は美味しい漬物つくる
ムズムズムズムズ　ムズムズムズムズ　ムズ〜！

唄いながら、萌のサラサラと佑之助のピューピューが、舞台の左右にある照明の柱に、紅白の綱にぶら下げた「イノチ」を象徴する小道具の飾りを高く吊るす。この小道具たちは、野外劇団楽市楽座が十二年間の芝居で使ってきた生き物たちやった。萌が去っていく『うたうように』のラストで、これが吊るされたことは、必然としか思われへん。

そして、火のあたし、ボウボウが語り始める。

「まあ、そんなふうに世界はイノチとタマシイで賑わうようになったそうな。そしてな、そのみーんながウタってるそうな。そやからな、みんなもそのウタにな、耳をかたむけてや。そんで、ウタが聞こえたらな、ウタで打ち返したってな。この大昔話、始まりのお話やったけど、まだまだ始まりは続いてるからな。ホンマは終わられへんねんけど、まあ、そういうことで。はい、めでたし、めでたし。

――ワテもちいとボケてきての。すーぐこの話のこと忘れてしまいそうになんねんけどな、この嵐の夜に、精霊さんたちの励ましのおかげで、なんとか思い出して語ることができました。おおきにな。

――みんな、それぞれ、この世界の始まりに生まれて、今まで生きてきたんや。自分が何なのか、忘れんようにな。まあ、ほんまに大昔のことやさかい、時々こうやって話さんとすっかり忘れてしまうからな。これからも、そやな、時々は、まあ、百年にいっぺんくらいは、これ、話さないかんと思ってんねん」

終わらない物語は奇跡の連続や。野外劇団楽市楽座も出会いの奇跡に恵まれて生きてきた。出会いが奇跡なら、別れもまた奇跡なはずや。それは、別れがまた、奇跡の出会いを生むからや。萌は佑之助の故郷、山梨に旅立っていった。そして、佑之助が耕した畑に綿を植え、育て、糸にし、織物で作品をつくり続けてる。

佑之助はようやく、本来の自分の夢に向かって歩き出してる。十七歳で、萌と一緒になりたい一心で楽市楽座に飛び込んできたけど、いきなり同居生活して、生まれて始めての旅公演にチャレンジするのは、ほんまに大変なことやったんやなあ。よう三年もがんばってくれた。それに気付かんかって、ほんまごめんな。でも、そのがんばりのおかげで、萌もまた、綿で生きる道を見出したんやな。心から、ありがとう。

好きこそものの上手なれ。求める道を、自分の足で歩んでいくのがいちばん幸せや。

あたしと長山も、生涯をかけた野外劇団楽市楽座として生き続けていく。

終わって生まれて、生まれて終わって、イノチはドリームタイムに向かって歩き出す。

第六章　夫婦《めおと》で生きるドリームタイム

未知なる道へ

愛娘の萌が巣立って丸三年。しっかり自分の道を歩き始めてる娘を遠くから見てると、あたしがこの世で授かった、ひとつの仕事が終わったことを実感せずにはおられへん。親としてたいしたことはしてないし、萌は旅に育ててもらったようなもんやから、終わるも何もないかもしらん。でも、初めてあの子を胸に抱いた日のことを思い出せば、やっぱりひとつの役割を終えたんやなあと思えてくる。萌が九歳の時、我が家の生業になった投げ銭の野外劇旅公演。長山とあたしと萌の家族三人で全国をめぐった日々は、いつまで経っても、あたしの中で色褪せることはないやろう。

しかし、我らの道はまだまだ続く。あたしと長山は、芝居で生きる道を歩み続ける。二人して、芝居にイノチを捧げていくんや。気付けば今年は銀婚式。あらゆる修羅場を乗り越えて、あっという間に二十五年。今や長山は六十五歳で爺ちゃんの仲間入り。あたし、佐野キリコも五十七歳。あと三年で還暦やん。そいで、二人あわせたら百二十二歳なんやから笑えてくる。でも、野外劇団楽市楽座としては、二人時代を迎えてやっと三年目。そう思うと、十五周年いうのも、なんか不思議な気がしてくる。ハードな全国旅公演をするにはだいぶ年をとってきた。けど、だからこそ、この二人時代に新たな一歩を踏み出して。未知なる道を歩んでいきたい。

そんな野外劇団楽市楽座の、十五周年旅公演の新作タイトルは『ドリームタイム』や。

「アボリジニのドリームタイムはさ、今日一日、生かされるかを占う旅なんだよね」

長山が、小さな生き物たちの物語を描くようになった時に言うた言葉が再び響く。ほんまそうやなあ。誰しもが、そんなドリームタイムを生きてるんや。あたしらかて、旅する前はこんな人生を送るとはまったく思ってなかった。未来で何が起こるかなんて、ほんまわからんもんや。いいこともそうでないことも、奮闘や出会いの中でどう転がっていくかでしかない。願わくば求める道を、つまずいても転んでも怪我しても、歩み続けるってことなんちゃうやろうか。

復活するラフレシア

長山は、去年の『炎の鳥』旅公演の途中で、こんなことを言い始めた。

「旅してからの楽市の舞台って地味だよねえ。十四年これでやってきたけど、オレさぼってたんじゃないかなあ。細かい工夫とか補修はしてきたけど、造るだけになってたよねえ。だからさ、来年はもう一回、ラフレシアって名前の劇場を復活させようかな。雨用のテントも張りやすくしたい。テント劇場にはもうしないけどさ。やっぱり、通りがかりの人たちが、何これ? ここで何が起こるの? 来てみようかなあって思うものにしないとなあ」

長山は、新しい野外円形劇場「ラフレシア」を、巨大感のある、ファンタジックな空間にしようとしてる。それはカラフルで、非日常とか、異次元な世界を楽しめる不思議な場所。たとえようのない空間作りに挑戦していきたいそうや。

そんなこんなで、長山はほぼ二カ月かけてラフレシアの改修作業をやり終えた。しかし、仕上がりは現場で組み上げてみないとわからへん。だから、造った長山にすら、ラフレシアの仕上がり具合はわかってない。そんな体験するのは二十年ぶりちゃうかな。

リニューアルされたラフレシアの材は二人でトラックに積み込んだ。あれもこれも、ほんまカラフルになっとる。まるで虹のような野外円形劇場になりそうや。客席の足場板にもクッションがついて綺麗になったで。皆さんのお尻がすこしでも楽なようにっていう、長山の愛や。

旅の農閑期

野外劇団楽市楽座の旅公演は五月開始で十二月まで。毎年、沖縄の大千秋楽公演が終わったら、大阪は十三にある自宅に帰って来る。それから五カ月は定住暮らしで、旅の農閑期に入る。この間に、次の新作準備をするわけや。

旅を始めた頃は火の車やったから、二年目、三年目は農閑期なしで年がら年中旅公演してた。それが、四年目で一カ月、五年目から三カ月、いう感じで農閑期が延びてきた。

この農閑期が近づくと、あたしらはムクムクと妄想し始める。次の新作では、どんなことをしようか、何がテーマになるのか、新たにチャレンジできるのはどんなことか。そんなことを話しながら、夢を膨らませていく。

そして長山は、三カ月かけて新作台本の執筆をする。長山の台本の書き方は独特や。まずはノートを書き溜める。本を読むのも仕事のうち。線を引きながら読書して、それもノートに書き込んでいく。次はノートから、これはと思う文章をピックアップしてラベルを作っていく。このラベルは二百枚前後、多い時は三百枚にもなる。それを丹念に整理して、台本の地図を作る。これはかなりでかいものになる。その地図を壁に貼って眺めてると、何を書こうとしてるのか見えてくるんやて。それを文章に書き下していく。そうしてやっと、芝居の上演台本を書き始める。

長山はあえて、自分の本を「台本」て言うてる。「芝居の本は読み物じゃない」ていうのがその心や。そう思っとかんと、言葉で書こうとしてまうねんて。やっぱり詩が好きな人やからかな、できた台本で稽古していくと、書かれなかった言葉が、行間に詰まってるのがわかってくる。

そして日々、ご飯を作ってくれてる。買い出しも長山担当や。台本作業をするのはだいたい夜。昼間は、ストレッチと筋トレに励んでたりする。前の年のアンケートの入力作業とか、月一のメールニユースの発信、申告もしてくれてる。

台本ができると、次は劇中歌の作曲を始める。台本を書くのは三、四カ月もかかるけど、曲を作るのはめっちゃ早い。一日で三曲も四曲も作ってまう。曲作りが早いのは、ミュージシャンじゃないからやねんて。台本を書いた時のイメージでさっと作れてしまうみたいや。そうは言いながらも、音階とかリズムとか、けっこう凝ってるで。詩もメロディも面白いし、名曲がいっぱいある。長山は、今までいったい何曲作ったんやろう。楽譜ノートも十冊はあるで。あたしは長山の曲が大好きや。いつか譜面集とか出せたらええなあって、また夢が膨らんでまう。

さて、あたしの方は、洗濯と掃除を適当にしながら、次の旅の年間スケジュールを立てて会場を押さえていく。各地の受入れさんとの連絡、チラシの手配、劇団サイトの更新、いわゆる制作は全部あたしの仕事や。あとは、劇団の宣伝美術担当でもあるから、チラシ画を描いたり、宣材や印刷物も準備する。衣装、小道具を作るのもあたしの仕事や。つまり、あたしはなんでも屋みたいなもんや。

日課は、バイオリンの練習と発声練習。そいで、三年前から、週に一、二回、バレエのレッスンに通ってる。今年は忙しいから週一で行くのがやっとやけど、バレエは全身がめっちゃ鍛えられる。踊るのも楽しいし、姿勢や所作、身体の使い方を学べる。役者は身体が資本や。いつでも動ける身体にしとかなあかん。

チラシ画は、二〇一四年の『虹をわたって』からあたしが描いてきた。子供の頃から絵を描くのは好きや。若い頃には夜間でデザイン学校にも通った。下手の横好きやけど、うちは家内工業やし、できることをやればええわと描いてきた。

でも、この十五周年の新作『ドリームタイム』のチラシデザインは、ヤマシタクレイグさんにお願いした。クレイグさんのデザインが素晴らしいからや。クレイグさんが作る楽市楽座のチラシを見てみたい！　と思ってしまった。ドキドキしながらお願いしたら、快く引き受けてくれはった。あたしは、旅に出るようになってだいぶ開けてきたけど、もともと内気な性格や。人と接するのは苦手やったし、なんでも一人でやるほうが気が楽やった。でも、旅してからは、どんどん人が好きになっていく。クレイグさんとデザインの打ち合わせをするのもすごく楽しかった。クレイグさんがデザインのコンセプトを話してくれたのが刺激的で、身体中の細胞がプチプチ喜んだ。人と物を作っていくのは、ほんまに面白い。旅の農閑期は長らく孤独にコツコツが多かったけど、せっかく五カ月も大阪におるんやし、もう少し、人との関わりを増やしていきたい。

萌が巣立って母の荷を下ろしたら、あたしはまるで独身時代みたいに自分の都合で動けるようになった。なんでなんやろ、不思議やな。そんなんやから、去年から、地元のＮＰＯ法人「淀川アートネット」の会員になった。これは街の文化活動を盛り上げていこうっていう集まりや。すると、そこから広がってくる世界もある。あたしが住む十三は、古くからある庶民的な歓楽街や。駅前は賑やかかやで。商店街がいくつもある。老舗のキャバレーもある。これまた老舗のミニシアター「第七藝術劇場」と「シアターセブン」もある。ふら～っと吸い込まれそうになる居酒屋もいっぱいある。都心に近くてめっちゃ便利なとこやけど、それでいて田舎臭いのが十三のええとこや。ここは人がおおらかで優しい。ほんまええとこや。

淀川アートネットの代表は近所のカフェ「ユッテ」の店主、マキさんや。めっちゃ可愛い人で「楽市さんが十三にいるのが私の誇りです」言うて応援してくれてる。淀川アートネットの活動は四年前からマキさんが猛烈にがんばって育んできた。毎年十一月には、「十三アートフェス」を開催してる。アートフェスでは、街のお店がギャラリーになる。いくつもの店で作品が展示されるから、アートマップを作る。訪れた人らが、それを手にして街のプチ旅を楽しむわけや。他にもたくさんの催しがあって、十三アートフェスはどんどん盛り上がってる。

あたしも微力ながら、去年の開催期間に「流し」を企画してやらせてもらった。これには沖縄から、奈須重樹さんが来てくれた。奈須さんは、那覇の「のれん街」で、オリジナルソングを流して生きてる。十三で流すのが縁になって、奈須さん主役の音楽映画『一生売れない心の準備はできてるか』も、「シアターセブン」で上映された。流し共々大好評。この頃あたしらは、奈須さんとタッチ交代するように沖縄公演をしてたけど、旅しながらこんなことができて、すごく嬉しかった。

そいで、去年の十二月には〝わかみほ〟こと若林美保さんと『逃げてきた&ライブショー』を上演した。会場はなんと、我が家のリビングや。二〇一六年旅公演の『ヨイショ、コラショ』の改訂版として、長山が作・演出、演奏をしてくれた。わかみほさんは、この日のためだけに東京から来てくれた。あたしは、踊り子であり女優、美しく妖艶、それでいて天真爛漫なわかみほさんが大好き。夢の共演が叶ってめっちゃ嬉しかった。桟敷の三十席は昼夜とも満杯。「見応えのある芝居とショーやった」と拍手をいただいて胸が熱くなった。家で公演するなんて初の試みやったけど、ほんまやって良かった。

さらに、今年の一月には、あたしの主催で、キャバレー「グランドサロン十三」に『白崎映美&白ばらボーイズ』を呼んだ。これは大冒険やったけど、満員御礼で大盛況、むちゃくちゃ盛り上がった。それもこれも、淀川アートネット、地元の人ら、関西の映美さんファンが協力してくれたおかげや。みんなで喜べるって素晴らしい。

あたしは長らく旅してるけど、これからは、楽市楽座と地元の十三が、面白く繋がることをやっていけたらええなあと思ってる。それがまた、未知なる一歩になるはずや。もっともっと、面白くなることをやっていきたい。

初めての夫婦二人旅

二〇二二年の旅公演『ゆりあげ』は、二人になった楽市楽座のお披露目公演やった。

あたしらは親やったから、娘夫婦が巣立ったら、どっと肩の荷が下りてえらい気楽になってた。いよいよ夫婦二人になったけど、「この二人ならなんでも乗り越えていける、今こそ羽ばたこうぜ」てな気持ちになってた。忌野清志郎が、『君が僕を知ってる』で、「誰かが僕の邪魔をしても、きっと君はいい事おもいつく。――何から何まで君がわかっていてくれる。僕の事すべてわかっていてくれる。上から下まで全部わかっていてくれる」なんて唄ってるけど、まさにそんな感じやった。

二人して、『ゆりあげ』でどんなことをしようか言うて、夢を膨らませた。そいで、例年以上に身体を鍛え始めた。長山は筋トレにはまって、あたしはバレエを習いに行った。昔、やってたけど、改めてやってみたら身体中の筋肉がお休みしてたことに気付いてびっくり。身体の使い方も目から鱗の連続や。バレエは難しいけど、脚をあげたりクルクル回ったり、踊るのは純粋に楽しい。身体の芯が確実に鍛えられて。バイオリンを弾くのも唄うのも、いつの間にか楽になってる。身体も軽くなったから、気持ちも若返る。そいでふと、昔ちょこっと習ったタップダンスを思い出した。靴を出して履いてみたら、足が鳴るのが面白い。

「あたし、『ゆりあげ』でタップシューズを履いてみようかな。足が鳴ったら、効果音になりそうやし。使えるんちゃうかなあ」

「へえ、いいねえ。面白いじゃない」

長山がにこにこする。よっしゃ、ほなやってみよう。

そんなんやったから、『ゆりあげ』では、長山が初めてあたしのダンスシーンを作ってくれた。長山が唄う時には、なんちゃってタップダンスもやってみた。踏み方はよくわかってないけど、飛べば足は鳴る。やってみたら、なんとなくそれっぽくて面白い。うちは音楽劇やから、今まで以上に、芝居を「ショー」のような仕立てにしよう言うて、歌の数もぐっと増えた。

ショーらしく、衣装替えも増やした。ちょっとした衣装の変化で意味もイメージも膨らむし、目にも楽しい。上着を脱ぐとか、ズボンを脱いで足を出すとか、白い布をショールみたいに羽織るとか、そんな小さな工夫が楽しみになる。長山の台本は、たたき台として書いてくれてるから、色んな遊びを入れていけるのが面白い。二人になったことで、芝居の作り方はますます自由になった。

『ゆりあげ』は、カメのエンドンとクラゲのフリカの可愛らしくファンタジックな恋物語。各地とも、皆さんが楽しんでくれはった。そいで、あたしが若い娘をやったからか、あちこちで「萌ちゃんにそっくり！」て言われたのがびっくりで、面白かった。

「あなた、お芝居が柔らかくて上手になったわねえ」

博多では、お洒落で上品なお客さんからこう声をかけられた。

「お母さんはお元気？」

「あの、私がお母さんです」

「ええ!?　あらまあ。てっきり萌ちゃんとばっかり！　ごめんなさいねえ」

「いえいえ、若く見てくださってありがとうございます〜」

どっかのアンケートにも「お母さんはお元気ですか？」て書いてあった。

「よく間違えられるなあ」

「ほんまやなあ。メイクってすごいな。しかし、うら若き乙女が父と二人で旅してるなんて、切なすぎるわ〜。萌は、ほんっまに佑之助に出会えて良かったな」

そいで、名古屋の大須公演では、こんなことも言われた。

「四人の時は、長山さんが後ろに隠れてたでしょ、またがっつりやってくれてて嬉しい」

「わあ、ありがとうございます」

長山もにこにこしてる。

「さすがに歳は実感するけど、役者は楽しいよねえ。長台詞とか、ギター演奏もちょっとチャレンジしてるんだよね。二人になって芝居もディープになったし、面白くなってると思う。オレたち、やりたいように、やっていけばいいよね」

長山がそない言うから、去年の『炎の鳥』では、あたしは夢を果たさせてもらった。あたしの役は、ツバメの青年、ソウル・ノーバ。ツバメの男役やから、絣の着物で作った燕尾服で宝塚バリの男役をやった。あたしは七歳で宝塚歌劇団の『ベルサイユのばら』にはまって以来、丸十年、宝塚命やったから、子供の頃に夢にまで見た燕尾服でカッコつけるのがたまらなく幸せ。それで唄い踊って手拍子がくると、身体中に快感が走ってむちゃくちゃ楽しかった。

一方、長山は女役で、千歳のツルのおつう。ダンス用のゴージャスな黒いシャツに、真っ白のネグリジェを着てもらった。頭には赤いヘッドドレス。レースのヒラヒラをぶら下げたらフェミニンや。

「オレって、不気味じゃない？」

鏡を見ながらそない言うから笑ってもうた。でも、恋するおつうが可愛いって言う人がたくさんいてはったんやで。実際、あたしより長山のほうが心は乙女やもん。

それに、長山は身体の動きが面白い。舞踏家みたいなことするから、ツルのイメージが膨らんだ。

『炎の鳥』は、男女を入れ替えて演ったのが好評やった。性も、ほんま多様やもんなあ。

長山は、小学校の低学年の時は、女の子と遊ぶ方が楽しくて、女に生まれたかったと思ってたんやて。そいであたしは、子供の頃、「男になりたかったわ〜」と思ってた。相当なやんちゃくれやったから、間違って女になってもうたんやと思ってた。『炎の鳥』をやったことで、お互いにそない思ってたことを知って可笑しくなった。聞けば、あたしらだけじゃなく、そう思った人がけっこういてはるみたいや。面白いなあ。

あたしは、今年の新作『ドリームタイム』では女役に戻るけど、男役をやったことで、女役のやり口が広がりそうな気がしてる。性に縛らない自由さを、舞台に乗せていけるとええなあ。

旅暮らしを支える、愛のキャンピングカー

旅してると、「どこに泊まってるんですか?」て聞かれることがある。ホテルに泊まってるイメージがあるかもやけど、違うねん。あたしらはずっと、劇場の横に楽屋テントを建ててた。それが旅中の我が家やった。萌もここで育ったんやで。これは、ハイエースが一台停められるぐらいの大きさのガレージテントを改良したもんや。これで十三年旅したから、楽屋テントには相当手がかかってる。

でも、二人やと、テントの建てバラシは大変すぎた。あたしらの移動日は毎週水曜日や。テントがあると、朝バラして、次の地域に車移動、着いたら楽屋テントを建てるっていうスケジュールになる。でも、楽屋の建てバラシは二時間とか三時間かかるから、もうやっとれんってことになった。それに、夏はテントがサウナ状態になるから、下手すると命に関わってくる。

そんなんやったから、楽屋テントは、去年の旅から、まさかのキャンピングカーになった。

この展開にはあたしもびっくりした。でもこれは、旅の投げ銭で買えたわけじゃない。これが実現できたんは長山の母の愛や。お義母さんは、二〇二一年の沖縄公演で、萌と佑之助が辞めるって言うた次の日に旅立っていきはった。そのお義母さんが、長山に残してくれた遺産がキャンピングカーになったんや。なんちゅうありがたさや。ほんま、優しかったお義母さんのおかげや。楽屋テントのままやったら、たぶんこの旅は続けられへんかった。

しかし、買うとなって初めて知ったけど、キャンピングカーはすごい人気やねんな。夏の新潟公演で軽のキャンピングカーに乗ってた人が、納車まで一年かかったって言いはったから驚いた。すぐ手を打たな間に合わへんやん。すぐさま、中古車情報をネットで調べるも、写真だけではようわからん。それに、ちょっとええなと思ったらむちゃくちゃ高い。どないしようと心に汗かいてたら、名古屋のお客さんが「ええとこありますよ」て教えてくれはった。それは名古屋のキャンピングカー専門店で、全国から注文が入るそうや。あたしは早速、新潟の銭湯から、電話で問い合わせてみた。

「キャンピングカー、高いでしょう。むちゃくちゃ人気ですからね。でも、うちは安くやらしてもらってます。その予算でええのが見つかりますよ」

「ほんまですか！　そしたら東京公演の帰りに寄らせてもらいます！」

なんちゅうこっちゃ、あっという間に目処が立ってもうた。あたしら、二人になって楽屋テントを持て余してもうたのに、なんだかんだ旅が続けられる道が開けてくる。こんだけ恵まれたんやから、なんとしても新しいキャンピングカーを快適な楽屋にせなあかん。

そして、キャンピングカーは、『ゆりあげ』の旅公演が終わった十二月に我が家に納車された。綺麗な藍色で、ハイルーフのハイエースや。送迎用に使われてた車を改造してくれてる。床は綺麗に貼りかえてあるし、車用のベッドも、収納もたっぷりある。シンクもついてるから炊事もできる。エンジンを止めても電気が使えるように、車の後ろにはAC電源がついてる。うちが持ってるガソリン式の発電機をここに繋げば、中で電気が使える。しかし、楽屋にしようと思えば室内灯がいるし、目隠しのカーテンもつけなあかん。テントに比べたらごっつ狭いから、レイアウトも相当工夫せな暮らされへん。

あたしは車のDIYなんかやったことないから、「YouTube」でキャンピングカーのDIYを見まくって、急ピッチで整備した。二カ月かかったけど、このキャンピングカーのおかげで、旅生活はむちゃくちゃ楽になった。

断熱材を貼ったおかげか、春先や秋でも、車の中はあったかい。遮音シートも役立って、雨の音もむちゃくちゃ静かや。それに車内が湿気ることもない。外の音もほとんど聞こえへん。

車を締め切ったらむうっとする季節は、スライドドアとバックドアを開けっ放しにしとく。目隠しのサンシェードを吊るせば、風通しが良くて爽やかや。アースマットがあれば蚊も大丈夫。夏はポータブルクーラーをつけたらめっちゃ涼しい。夜は、外の発電機のガソリンを満タンにしといたら十四時間はクーラーが効く。温度調節もできるから、ほんまよう眠れる。テントで汗だくで目覚めてたことを思ったら、まるで天国や。それでも暑い時は、エンジンをかけたら車のクーラーが効く。送風にすれば扇風機にもなる。これであたしらはほんまに救われた。

車にはでっかく、野外劇団楽市楽座ってペイントしたかったけど、それは間に合わんかった。なんで、初演の長浜公演の仕込みの時に、受け入れさんたちに描いてもらった。

「緊張します～。こんなんでいいのかなあ」

「ええねん、ええねん。ええ感じやん。可愛いやん」

おかげで、うちの楽屋車にぴったりの表札になった。みんなに車の中も見てもらったら「え～、すげえ～!」て感動してくれた。

キャンピングカーに出会って知ったことやけど、今やこれは、生き方の自由度を広げるツールになってんねんな。雑誌を見てると、なんと多様なキャンピングカーがあることか。トラックの荷台に乗っけてる自作のキャンピングカーはすごいのがいっぱいある。なんと、風呂まで造ってる人もおるんやで。移動販売したりして、鳥みたいに旅してる人がいっぱいおる。

『炎の鳥』旅公演の熊本では、トラックの荷台をキャンピングカーにしてる青年に出会った。ふと見ると、会場の駐車場にトラックのキャンピングカーが停まってる。あたしはムクムクっと惹きつけられて、その中が見たくてたまらん。そうなると、居ても立ってもおられんから、思い切って訪ねてみた。すると、なんと彼は、うちの公演を見に来てくれたそうや。息子いうてもおかしくないぐらい若いのに、話を聞いたら目から鱗の連続や。あまりにも面白くて、あっという間に意気投合、すっかり話し込んでもうた。彼もまた、自分らしい生き方を模索してる。これこそが希望や。ほんま、どんだけ大変でも自由がええよなあ言うて、二人して笑った。その彼が、三日間の公演を全部見てくれたから、また嬉しかったなあ。やっぱ、旅は面白い。

いかれたクラッチに救いの手

野外劇の全国旅は車があればこそできる。幸いにして旅を始めて以降、トラックもハイエースも足留めを食らうようなトラブルに見舞われたことはなかった。しかし、『ゆりあげ』の旅公演では、ついに、トラックのクラッチがいかれてもうた。

あれは、予定してた広島公演が、会場の都合で中止という憂き目にあって、早々に次の福岡に向かってる時やった。前を走ってた長山のトラックが、山口県で、いきなりのろのろ運転になってすぐ側にあった車屋さんに乗り上げていく。

「どないしたん?」

「急にトラックが走らなくなっちゃったんだよね」

「ええ!　マジか!　なんで!?」

「クラッチがいかれちゃったんじゃないかなあ」

でも、車屋さんに乗り上げられたのがラッキーやった。トラックを見てもらったら、やっぱりクラッチらしい。

「ここで直せますか？」

「いやあ、無理です。クラッチの替えが無いですわ。販元のトヨタに聞いてみたほうがいいでしょうねえ」

長山は必死のパッチで車屋さんに乗り上げたもんやから、直されへんと聞いて大ショックを受けてもうた。マジで、この旅もついにここで終わりやと思ったらしい。というのも、二人になった『ゆりあげ』旅公演はハードやった上に、今までにはなかったようなトラブルが続出してた。トラックのクーラーも壊れてたし、長山は相当くたびれてたんや。いきなり投げやりになって、訳のわからんことを言い始める。

「もうダメなんじゃない？　オレたち、広島に戻ったほうがいいんじゃないかなあ」

「はあ？　なんでやねん。福岡のトヨタに問い合わせたほうがええやろ？　そんな逆戻りしたらスケジュールが狂ってまうやん」

「え〜、そうかなあ。もう大阪に帰ることを考えたほうがいいと思うけど〜」

あかん、長山は電池切れや。今は頼りにならん。あたしはとにかく、福岡のトヨタに問い合わせてみた。

「長山さん、直してくれるって」

「え！　ほんとに⁉」

「そやで。とにかく来てくださいって」

トヨタのおかげで、長山が気を取り直した。ＪＡＦに連絡しようとしてたら、そこの車屋さんが、レッカーは保険がきくって教えてくれはった。なんちゅうラッキーや。そんなん知らんかった。なんと、あたしらは、福岡のトヨタまで、トラックを無料で運べてしまった。

『ゆりあげ』旅公演の時には、まだ楽屋テントを建ててたから、広島公演の中止期間は福岡のホテルに泊まることになってた。でもその日は、受け入れのワタクロ亭に泊めてもらった。ワタクロさんは、「大変でしたね〜」言うて、あったかいご飯を作ってくれた。呑みながら喋ってたら、むっちゃ心が和む。トラック問題は乗り越えなあかんことがまだあるけど、その夜はぐっすり眠らせてもらえた。

次の日の朝起きたら、妻のクロキさんが、トラックのレンタカーをガンガン探してくれる。トヨタでクラッチを直してもらうには、トラックを空にせなあかんかったからや。そのためには、積み替えるトラックが必要になる。あたしも一緒に探したけど、聞けども聞けども、一台も空いてるトラックがない。全部出はらってるって返事ばっかりや。みんなで、うーんと腕組みしてもうた。

「こうなったらトヨタに頼むしかないよなあ。置きっぱなしは無理って言うてはったけど、あそこ、めちゃ広かったもん。今から頼んでみます！」

気合いを入れて電話したら、トヨタはあっさり引き受けてくれた。みんなでバンザイや。

「キリコさん、その強気がええっすねえ」

旦那のワタさんがうへへっと笑いながら言うてくれる。ワタさんは、長山とおんなじスキンヘッドや。今年、還暦を迎えはった。クロキさんは福の神みたいな人や。でっかい声でよう笑う、あったかい人やねん。ワタクロさんは、あたしらの、光り輝く楽市天使や。

しかし、甘えてばっかりもおられん。まずは早々に、予約した福岡のホテルに移動した。そいで、その二日後には、トヨタに置いたトラックの荷下ろしをすることになってた。しかし、間の悪いことに、あたしは、先週の愛媛公演で右手首を捻挫してた。

そしたらクロキさんが、「楽市さんがピンチやから、助けてあげて！」いうSOSを、福岡公演の受け入れチームに出してくれた。すると、平日にも関わらず、手をあげてくれる人がいてはった。もう、あまりにもありがたすぎる。その上、トヨタの人たちもめっちゃ協力的やった。作業中にジュースを差し入れてくれるし、クラッチの在庫もすぐ見つけて、一日で交換してくれてびっくり仰天。すごいよトヨタ。

そんなこんなで、博多公演は予定通りできることになった。

おまけに、舞台の仕込み、バラシまで助けてもろて、博多公演も賑わった。もうほんまに頭が上がれへんで。すべて御の字や。二人になったあたしらは、こんな風に、あっちでもこっちでも、たくさんの人に助けてもらった。あたしらは二人きりやのに、楽市楽座はぜんぜん孤独じゃない。

十四年の手ざわり

去年の『炎の鳥』旅公演で実感したのは、各地の受入れさんやお客さんの暖かさやった。

一昨年の『ゆりあげ』旅公演は、あたしらが夏の八戸から風邪で体調を崩して、それを一カ月ぐらい引きずってもうた。三日間の公演をやりきることができず、一日は休演することが続いた。その後も、長山は夏の暑さにやられたか、不明の微熱を引きずった。それで、全国の皆さんにえらい心配をかけてしまった。

そんなんやったから、去年は各地の受入れさんに、できたら舞台仕込みとバラシを助けてほしいとお願いしてみた。そしたら各地で手伝いに来てくれる人が続出した。長山が月一のメールニュースで「仕込みバラシのお手伝い大歓迎」て発信したら、お客さんまで手伝いに来てくれて感激した。そいで、みんなが仕込みとバラシを楽しんでくれる。

「こんな構造で舞台が浮いてたんですね」、「これで回るのか〜」、「工夫の連続ですね〜」なんて言うてくれる。嬉しくて、作業しながらも話がはずむ。初めて会う人でも芝居を見てくれてるから、前から友達やったみたいに思えてくる。うちの仕込みは毎週木曜日の平日やから、こんなに各地で助けてもらえるとは思ってもなかった。

愛媛で手伝いに来てくれた女子なんかは、なんと、「小学校に入る前に、二〇一〇年の『鏡池物語』の徳島公演をおばあちゃんと一緒に見たんです」なんて言うから、びっくり仰天した。彼女は成長して、すっかり大人になってる。こんなにも年月が経ってたんかと気が遠くなりそうや。いやほんまに、会えて嬉しかった。さらに嬉しいことに、彼女は愛媛の劇団で芝居をしてるそうや。それで、愛媛公演のスタッフとして初日から開場中の手伝いにも来てくれた。まさかこんな出会いがあるなんて思いもせんかった。ほんまに、どこに行ってもありがたいことの連続で、むちゃくちゃ励まされた。

あたしらは二人になって、ちょっと振り出しに戻った気持ちになってたけど、十四年旅してきた時の確かさを感じた。二〇一〇年に旅を始めた頃は、お客さんはほんまに少なくて、「十人は下らないね」なんか言うてた。それが、続けていく間に少しずつ楽しみにしてくれる人が増えていった。家族三人、四人でやってたから、「やっぱり寂しくなる」て言う人も、もちろんいてはる。でも、見に来てくれる人達の大半は、「二人でも大迫力!」、「より面白くなってる」と喜んで、「また来年!」と声をかけてくれる。あたしらが、なんとしてもこの旅を続けていきたいのは、そんな風に楽しんでくれる人達がいてはるからや。野外劇団楽市楽座を待ってくれてるお客さんは、長山現の劇世界を愛してくれる。屋根なし壁なしの野外円形劇場で、みんなでぐるりと囲んで一体になるひと時に喜びを見出してくれる。クルクル回りながら唄ったり、踊ったりの小さな生き物たちの世界、投げ銭の楽しみ、それをまるっと、みんなで楽しむのが野外劇団楽市楽座のスタイルや。

この旅公演は、果たしていつまで続けられるのかわからへん。毎年、確実に年をとっていくからや。でも、体力が続く限り、どこまでも旅し続けたい。もっともっと楽しんでもらえるように、この身を捧げていきたい。

あたしのこと

この旅で一番ショックを受けたのは、二〇一〇年、初めての旅でたどり着いた沖縄の光景やった。その頃のあたしは、沖縄にあんなにもたくさんの基地があると思ってなかった。ところが車で走れば、当たり前のように基地のフェンスに出くわす。北に行っても南に行っても基地だらけ。しかも広大で、嘉手納基地なんかは品川区とほぼ同じ面積。中の住所はアメリカのカリフォルニア州や。知れば知るほど、戦後の平和が、沖縄に基地を押し付けた上で成り立ってる現実がまざまざと見えてしまう。

それは価値観が一八〇度ひっくり返るぐらいの衝撃やった。それまでは、報道は真実を伝えるものと信じてた。でも実際は、報道も歴史も権力の都合を書く。無知すぎた浅はかさを思い知って、ガーンと頭を殴られたみたいやった。この国には、そんなことがあちこちに転がってる。なんでこんなことになったんや、平和ってなんや、真実ってなんや、どうしたらええんや。

旅を終えたら、社会問題の本を読み漁るようになった。そして、原子力発電所のずさんな内部事情も知るようになった。そしたら、三・一一が起こってしまった。未曾有の地震に、福島原発事故がさらなる被害を引き起こしていく。やのに、テレビは震災から一週間後、ぱたりと原発の報道をやめた。東北があんなに大変なことになってるのに。それにとてつもない違和感を覚えて、ものすごく怖くなった。

二年目の旅は翌月の四月から始まる。もちろん東北にも行く予定でスケジュールを組んでた。しかし、子供は放射能の影響を多大に受けてしまう。そこに十歳の萌を連れて行ってええんやろうか。悶々と悩んでパソコンにへばりつく。どうしても確かな情報がほしい。萌の健康を守るために、何をどう選択するべきか。それで頭がいっぱいになって、一時期は旅の準備がすべてストップしてしまった。ところが、どれだけ調べても真実は闇の中。何がほんまかわからへん。いったいどないなっとんねん、どないなっていくねん、、どないしたらええんや。頭の中がパニックを起こす。

でも、稽古もせな旅の初日に間に合わんようになる。やるかたなく、それでも奮起して、長山からもらった唄の伴奏を考えようとピアノを弾き出した。そしたら途端に、涙がどばっと溢れた。緊張し続けてきた心がメロディで緩んだんや。不思議なことに、泣くだけ泣いたら、ふっと楽になった。あたしがこんなことをやってるからかも知れんけど、音楽に救われたと思った。

長山も同じように悩んでた。でも、先に進まなあかん。ほんまに申し訳ないけど、二年目は西を回る旅に切り替えた。あたしらには萌がいる。間違ってるかもしれんけど、自分らなりに、萌が安全と思える道を進むしかない。そんな中で、長山は二年目の旅芝居『ツバメ恋唄』に、今起こってることへの想いを込めて、台本を書き換えた。三年目の『宝の島』では、反原発ファンタジーを書いた。

あれから、この世界の色んなことに疑問をもって、どうにかならんもんかと考え続けてきた。あたしだけじゃなく、たくさんの人が同じ想いで奮闘してた。だけどある時、問題の現場で、体制側との激しい対立に出会ってしまった。あたしは、それに耐えきられへんかった。目の前で起こる怒号の嵐にメンタルがやられてしまう。口はばったい言い方になってしまうけど、ヒートアップする反体制側にも問題を感じてしまう。一生懸命になればなるほど、人間関係がこじれてしまう不条理。そこで深く傷つく人を目の当たりにすると、何が正しいんかわからんようになってしまう。いったい、どないしたら愛し合える世界が生まれるんやろう。

ひょっとしたら、問題に向き合うことだけでは、本質は見えてこないのかもしれん。

この世界は、あらゆる生き物によって支えられてる。宇宙全体で、ひとつのイノチとして生きてるんや。あたしの存在や人生なんぞ、チリのようなもんや。宇宙の時間で言うたら一瞬で終わっていく。でも、自然を見れば、まるで時が永遠に続くかのように、小さな生き物たちが生まれては死に、互いのイノチを与え合いながら生き続けていく。その壮大さを思うと胸が熱くなる。

世の中が大きな力に流さるのがええとはまったく思ってない。でもあたしは、人が笑顔になれることをやっていきたい。そのために、自分がほんまにやりたいことをやる大切さに立ち返ろうと思った。あたしは無力さながらやけど、そんなあたしが一番強いエネルギーを発するのは何か。それは芝居以外にない。「芸能が世界を救う」と考える長山の作品性と共に、想いを精一杯詰め込んで舞台に立つ。それがあたしにできること、与えられたことなんちゃうやろうか。この世には苦しみが多いけど、それを上回る楽しさは確実にあるはずや。苦しみに、楽しさの光を当てたい。芝居したり、唄ったり踊ったり。その楽しさに自由への希望があるはずや。

あたしは子供の頃から、親に連れられて宝塚やミュージカル、芝居、アイススケートやらオペラに文楽、バレエとか、商業演劇、出会う舞台に心震わせて生きてきた。大人になってからも、旅してからも、芸能の深さ、面白さ、楽しさを存分に味わってきた。そして、その感動を伝えられる存在になれたらと夢を見続けてきた。それが、この野外劇団楽市楽座を続けていきたいって動機になってる。

舞台人になりたい、それは、七歳からの夢やった。だから宝塚に入りたくて、中学を卒業したらすぐ受験しようと思ってた。父は、声楽とかバレエは習わせてくれたけど、「高校は出なさい。どうしてもなら、宝塚の受験は卒業する時に」と言われたんで渋々高校に行った。でも、ぜんぜん行きたくなかったから制服が囚人服に見える。あまりにも面白くなくて、二年生から、授業はサボってばっかり。しょっちゅう親に怒られてた。友達の家で泊りがけで試験勉強するってでかけたら、父が「不真面目や」言うて迎えにくる。「カラス、なぜ鳴くの、カラスの勝手でしょ〜」なんか唄ってたら「勝手とは何事や。そんなもん唄うな!」て怒鳴られた。なんでなんやろう。小学生の頃は、あんなに伸び伸び育ててくれたのに。

友達の話題についていくのに歌番組を見てたら嫌な顔される。ずっと見ててなんも言われんのは、家族みんなが好きな宝塚のビデオだけ。高校時代はごっつ反抗して、夜遊びを覚えた。友達と街に行くとナンパされる。仲良くなった年上の男の子たちの車で遊びに行く。それでしこたま怒られてた。

そんなんやったけど、芝居をしたい気持ちは変わってなかった。つまらん高校を卒業したら東京の演劇専門学校に行く。そこからほんまに生き始めるんやと思ってた。でも、親にしたら、その時のあたしが信じられへんのは当たり前や。「どうしても行きたい」て泣いて頼んでも、反対されたんで諦めた。情けないことに、親を説得する勇気もなければ、バイトしてお金を貯めるという努力すら思いつかず、行きたくもない大学を受験して落ちた。お次は、予備校に行くのを薦められたのをいいことに、まんまと一人暮らしして遊びまくってた。お金が欲しくてスナックでバイトしてたら、親に見つかって家に連れ戻された。

ちょっと反省しつつも、何をする気にもなれん。ただただぼーっとしてた。すると父が、大学の通信教育を薦めてくる。なんとなく説得されてもうて受けることにしたけど、失敗や。教科書を開くだけで溜息が出る。「無理やから辞める」て言うたら、「ひとつでも単位をとってから辞めろ！」てごっつ絞られた。でも、無理なもんは無理やから、家が寝静まった頃に、二階の窓から外に出て、家出した。行く当てがないから親戚を訪ねて、しばらく居候させてもらった。そしたら父がついに折れて、通信教育は辞められた。ほっと安堵するも、はたと気付けば、同級生が短大を卒業して就職していく。そうや、あたしも働かなど気持ちが焦る。本音を言えば、芝居以外にやりたい仕事はない。しかし、そんな夢を見てるだけでは生きていかれへん。なんとか興味がもてそうな仕事を探して面接には行ってみる。けど、ぼーっとして頼りないあたしを雇ってくれるところはひとつもない。心折れて途方に暮れてたら、医学系の専門出版社を経営する父が、「うちなら雇ったる」て会社に入れてくれた。だから父には恩義がある。

会社は新鮮で楽しかったけど、周りの先輩たちが一生懸命仕事してる姿を見て、「なんでこんなに働くんやろう。不思議やなあ」なんか思ってた。それでも、身近な先輩たちはなんだかんだ可愛がってくれはる。みんな大人でええ人ばっかりやから居心地がいい。あたしがいたのは編集部や。だけど、医学の原稿はちんぷんかんぷん。それで、食事療法の本を担当することになった。「半年で仕上げてください」て言われてたのに、マイペースでのろのろやってたら一年かかってもうて、ついに、課長さんが溜息つきはった。でも、あたしが社長の娘やから遠慮して怒りはれへん。父は困って、社長秘書の下にあたしを付けた。父からまたえらい怒られたけど、社長の苦労はわかってくる。家では、いっつも酔っぱらって寝てるだけのぐーたらな父親にしか見えんかったけど、こんなにがんばってたんやなあ。あたし、迷惑ばっかりかけたから助けてあげたいと思うようになった。

しかし、実家にいると、家でも仕事のことで怒られる。酷い時は、朝いきなり起こされてお説教が始まる。

あんまり家に居つきたくないから、駅前のバーに通うようになった。そしたら、二十一歳の時、マスターが、「最近、劇団のやつが呑みにくるで」て紹介してくれた。その出会いで、念願の劇団に入れた。それは社会人劇団で、毎週日曜日に集まって稽古してた。芝居ができるようになったら、仕事にも意欲が湧いてきた。その頃は、秘書をしながら、表紙のデザインもしてたから、勉強したくて夜間のデザイン学校に通った。

そうこうするうちに、劇団の人と付き合うようになって二十三歳で結婚した。実家を出て、二人で自活するようになったら、仕事も俄然面白くなってきた。だけど、劇団が解散してもうて、芝居はできんようになった。どうにもじっとしていられず、元劇団員の人らに声をかけて、ニール・サイモンの『はだしで散歩』を上演することにした。二時間はある芝居やから、週末に集まって、一年かけて稽古した。あたしは初主演でコリー役。猛烈にやる気になって、舞台美術も自分でやった。そしたら、これがええ喜劇になった。

随分あとになってから知ったことやけど、長山はこの舞台を見に来てる。「あれは、いい芝居だったなあ。よく笑ったし、面白かった。あの後、ニール・サイモンの戯曲をいっぱい読んじゃった。キリコ、可愛かったなあ」て言うてくれた。

あたしは、ますます芝居がしたくてうずうずしてた。そしたら、『はだしで散歩』で客演してた人が、『芝居屋さんの教室』なるものを教えてくれた。すぐさま通うと決めて、仕事が終わってから、梅田の堂島にある教室を訪ねた。するとあたしが入るなり、講師をしてた田口哲《さとる》さんが、こう言いはった。

「あ！　君は『はだしで散歩』でコリーをやってた子やね」

「はい！　そうです」

「いやあ、嬉しいなあ」

これが、芝居の恩師である田口哲さんとの出会いになった。

田口さんは、若い頃、関西の上方小劇場という劇団で主役をはってた人や。関西小劇場界では、名優なる「怪優」て呼ばれてはった。実は、映画『ブラック・レイン』に出てはる。難波のひっかけ橋の上で、マイケル・ダグラスに声をかけられるおっちゃんの役や。ワンシーンやけど、ドアップで映ってはんねん。

あたしが出会った頃は、『芝居屋さんプロデュース』を主宰してて、劇作家、別役実さんの戯曲を上演してはった。その田口さんが、二人芝居『眠っちゃいけない子守唄』の相手役にあたしを抜擢してくれはった。

不条理を描く別役さんの本は、当時のあたしにはかなり難しかった。読みこなされへんし、どないして演ったらええかまったくわからへん。やのに、田口さんは怒りもせず、役者として、芝居にどう挑むかを、手取り足取り教えてくれはった。

その初日、あたしはガクガクに緊張してた。田口さんは横で笑ってはったけど、実は田口さんもめっちゃ緊張する人や。上演が始まったらテンションがあがりすぎて、稽古とはぜんぜん違う芝居をしはる。あたしはびっくりしてもうた。お客さんはコミカルな田口さんを見てゲラゲラ笑う。もうどないしようかと汗かいたけど、とにかくついていくしかない。それでやり終えたら、思いがけず大きな拍手をいただいて、お客さんがめっちゃ褒めてくれはった。それをきっかけに、あたしは関西小劇場界でフリーの役者になっていった。そして、楽市楽座に出会った。役者として拍手をもらえるようになって、やっと、生きてる感覚が掴めるようになった。好きな道を、自分の足で歩いてこそ、ほんまに生きてると感じられる。

あたしは、好きにさせてくれんかった父を長らく恨んでた。でも、長山と出会ってから、やりたいことができんかったのは、自分が弱かったからやと思うようになった。頑固な父かて、あたしが粘りに粘ったらきっとわかってくれたやろうし、勇気と実行力さえあれば、いつでも家を出ることはできたはずや。できんかったんはあたしのせいや。でも、ごっつ回り道したおかげで長山と出会えた。そう思うと、すべてが必然やった気がする。

思えば、姉はあたしとは反対で、自分を貫く人やった。姉は、結婚を大反対されたけど、何年もかけて親を説き伏せて、嬉しそうに嫁いでいった。でも、二人の娘を産んでしばらくしてから急性白血病になって、三十一歳で亡くなった。まさか、姉がこんなに早く逝ってしまうとは思いもせず、あたしは茫然としてしまった。でもその分、あたしが生きていかなあかんと強く思った。両親の辛さも痛いほどわかった。父は、姉が白血病になったと知った時から、家族の死を受け入れるための本を何冊も買ってきて、それを読み続けた。そんな姿を見てしまったから、あたしも父の会社でもっとがんばろう、支えていこうと思ったんやった。

でも、結局は、会社を辞めて、旅芝居する道を歩むことになった。

今の父は、「好きなことやからこそがんばれ」て言うてくれる。若い頃は父に縛られたけど、あたしは文学好きの父のもとに生まれたから、本を読む楽しみを覚えた。厳しい人やったけど、子供には情操教育が必要や言うて、ありとあらゆる芸能、芸術を楽しむことを教えてくれた。絵が好きになったのも、母の影響や。女学校の頃に賞を取りまくるほどの腕前やったから、美術館にもたくさん連れて行ってくれた。

うちは家族で色んなものを見て、その感想をよう話し合った。毎月、宝塚を見た後は、みんなでご飯を食べに行く。そこで父が、芝居の解釈を話してくれる。それが面白かった。そして会社では、父があたしを育ててくれた。振り返れば感謝することがいっぱいありすぎる。あたしが、なんとしても野外劇団楽市楽座をやり続けていきたいとふんばれるのは、そんな両親のもとで生まれ育ったおかげや。

「芝居が好き、舞台が好き」、その気持ちがいつも身体の芯からあたしを突き上げてくる。「好き」は世界を広げてくれる。長山が、楽市楽座が好きになって、二人してやらずにおれん衝動で旅芝居を始めて、面白い人にいっぱい出会った。この島々は、すごい数の芸能者が溢れてる。そして、それを楽しみたい人たちもいっぱいいる。

昔は、「少年よ、大志を抱け」いう言葉に胸が熱くなったりしたけど、今はそこを目指さんでもええんちゃうかなと思ってまう。どんだけこの世で力を持ってる存在でも、戦争を無くした試しはないし、人々を真に豊かにすることは至難の業や。

だったらば、自らの手で幸せになっていこうやないか。隣の人を笑顔にすることに全力を注ごうやないか。ひょっとしたら、それが底力を発揮するかもしれん。たとえ志半ばになろうとも、その可能性に賭けて、この旅に挑んでいきたい。

一瞬先は闇って言うけど、まさにその通り。生きることは未知だらけやから、一秒先に何が起こるかわからへん。なんもわからん闇の中にこそ、希望は埋まってる。だから、ただただ手を差し伸べて、夢を追いかけて、どこまでもどこまでも歩いて行く。冒険すればするほど苦労もある。でも、歩み続けたらどっかで帳尻があってくる。そいで気が付いたら、次の扉が開いて、ちょこっと光が差して、「ここ開けてみたらどないや」と誘いかけてくる。

あたしはこれからも、ちっこい虫たちのように、眩しい光にこそ、体当たりしていこう。それが、あたしのドリームタイムや。

2023年旅公演『炎の鳥』

私のドリームタイム

文　石原　萌

私がまだ保育園生の頃。

お迎えの時間はとうに過ぎているのに、なかなか母がやって来なかったことがあった。

他の子たちがみんな帰って一人ぽつんと待っている私を気の毒に思ったのか、保育園の先生が「萌ちゃん、ピアノ弾いて待っててていいよ」と優しく言ってくれた。私はおぼつかない指先で、ネコふんじゃったをポロポロと弾きながら待っていた。

お迎えの時間から一時間ほど過ぎた頃、バタバタバタと足音が聞こえてきた、と思ったら、保育園の先生の驚く声が聞こえた。入口に見えたのは、金魚姫姿の母だった。キラキラのピンクの着物ドレスを着て、歌舞伎のような真っ白な顔に鮮やかな赤い目元に唇。もちろん付けまつげはバサバサバサ。そらあ先生も驚くわけだ。

「萌、遅くなってごめんなあ！」

母は私を抱きかかえ、「すいませんでした〜」と言いながら、スタコラサッサと保育園を出た。今思い返しても、なかなか珍しい親である。

後から聞いて知ったのだけれど、あの時は『金魚姫と蛇ダンディー』の公演前日でゲネプロがあり、すっかりお迎えに行くのを忘れてしまっていたらしい。スタッフの人に「キリコさん、萌ちゃんは?」と言われて私の存在を思い出して、慌てて衣装メイク姿のまま、保育園に向かったそうだ。

真っ白の顔の母は、真っ赤な唇を動かして、「ごめんな」「ごめんな」と何回も謝ってくれた。けれど私は、ちっとも悲しい気持ちになったりはしていなかった。むしろ、母の綺麗な金魚姫姿を保育園の先生たちに見てもらうことができて、とても嬉しかった。


私は物心ついた時から、楽市楽座の芝居が大好きだった。

二時間以上もある芝居のセリフと歌を一言一句全部覚えて、稽古中に役者さんがセリフを忘れたりすると、待ってましたと言わんばかりに「〇〇やで!」と茶々を入れる。

幼い時からよく一人でお風呂に入っていたから、芝居のセリフをすべて言い終わるまでお風呂から上がれませんというひとり遊びをやってた。あんまり上がるのが遅いんで、母が心配して様子を見に来たこともあった。

楽市楽座以外の芝居を見に行くこともよくあったけれど、まだ幼かったからか、つまらないと思うことが多かった。というより、よくわからなかった。

けれど、楽市楽座の芝居は何回見ても面白くて、飽きることがなかった。稽古も何度も見ていてセリフも全部覚えてるのに、いざ本番の舞台を見ると、今までの稽古は全部私を騙すためのうそっぱちで、本当に実在している世界のように思えた。

お父さんの作る芝居は世界で一番おもろい。そんで、お母さんは世界一の女優さんや。

私はいつも客席の端っこで、そう思いながら舞台を見ていた。


両親は、子供の私から見ても芝居で強く繋がっていることがよくわかった。芝居に夢中で、芝居がやりたくて仕方がない。そんな芝居への情熱は、まだ幼かった私にも伝わった。

いつしか舞台や稽古場で私だけ芝居をしていないことに疎外感を感じるようになって、私は時々「萌も芝居やりたい」と父に言うようになった。

その願いを聞いてくれたのか、七歳の時、初めて役を与えてくれた。

演目『金魚姫と蛇ダンディー』（再演）の二匹の子供「鉈」という役で、出番は十分くらいだけどセリフも多くて、しかもラストシーンの重要な役だった。お調子者のくせに人見知りで恥ずかしがり屋だった私は、稽古中「できへん、恥ずかしい」としょっちゅう泣いては、父に叱られた。

芝居がしたいという想いは強くあるのに、いざやろうとするとどうしたらいいかわからなくなってしまう。貴重な稽古時間が、ほとんど私のシーンで終わることもあった。

父にきっちりと演出をつけてもらい、泣きながら練習を繰り返し、さあいよいよ本番初日。緊張で心臓はバクバク。初めての舞台をなんとかやり終えて大人の役者にまじって化粧を落とした時の満足感と優越感は、今でもよく覚えている。これで私も劇団員になれたんや、と思うと嬉しかった。

けれどその後日、何かのタイミングで劇団のホームページを見ることがあったけど、劇団員の欄に私の名前はなかった。子供ながらに少しショックを受けた。

それから私の役者スイッチが入ってしまったのか、出番のない楽市楽座の公演を大人しく客席で見れなくなってしまった。というより、一度舞台に立ったことによって舞台への緊張感が解けてしまったのと、もともとのお調子者の性格が災いしてしまったのである。

公演に知っている人が来ていたら隣にぴったりくっついて、面白いシーンが近づいてきたら先に内容を喋ってしまう。知らない人にも、聞かれてもないのに「娘やねん」と自己紹介し、母が客席の近くに来たらお母さ〜んと手を振る。挙句の果てには公演中客席を渡り歩き、またまたネタバラシのオンパレード。

当然、あまりのひどさに父は激怒し、公演後の楽屋で大きなゲンコツをごつんと一発。もちろん私は大泣き。当時出演していたベテラン俳優の田口哲さんにも「萌、あれはないわ」と言われる始末。それから私はしばらく公演出禁になってしまった。

両親が「旅に出ようと思うねんけど、萌はどう思う?」と聞いてきた時、私は「ふふふ…おもろそう」と言ったらしいが、実際、当時のことはあんまり覚えていない。

しかし両親が色んな役者の方を旅に誘うも、ことごとく断られている様子を傍で見て、これはこのまま旅についてくる人がいなかったら、私にも役が回ってくるんちゃうか？　と淡い期待を抱いてソワソワしたことを覚えている。

そして運良く、旅公演には誰もついてくることはなく、家族三人と猫一匹との旅暮らしが始まったのだった。


旅に出た九歳の時から、学校にはほとんど行けなくなった。けれど時間はたくさんあったので、やりたいことをやりたいだけやることができた。編み物、洋裁、刺繍、絵を描くこと。旅のはじめはよく勉強しなさいと言われたけれど、あんまり気にせずやりたいことばかりやっていたらそのうち両親も面倒になったのか、何も言われなくなった。

一度父に「なんで勉強しなさいって言わへんの？」と聞いたら、「手に職がつく方がいいじゃん」と言われて妙に納得した。

その考えを決定づけるかのように十一歳の時に奄美大島公演で台風にあい、楽屋テントが潰れて、持ってきていた教科書がすべてビショビショのボロボロになった。神様に「もう勉強せんでええで〜」と言われてる気がして、よし、これからはとことん素直にやりたいことをやろう、とまあ、都合よく考えることにした。


旅に出て辛かったことといえば、よく両親に怒られたことだ。

わがままでずるがしこい性格だった私は、仕事をサボったり投げ銭をくすねて漫画を買ったりしてはすぐばれてこっぴどく叱られた。あんまり行いが酷いので、小学生の間は毎日怒られたことを反省文に書いて、寝る前に朗読をする習慣があったくらいだ。

もちろん私が悪ガキだったことも確かだが、旅に出始めたばかりの頃は公演がうまくいかなかったりすると両親も不機嫌になることが多く、何かにとってつけては、ストレスを発散するかのように私を叱ることもあった。

薄々それが子供の私にもわかってきて、ある時またよくわからない理由で父が説教を始めたので「お父さん、ストレス発散するために説教してるやろ」と言ってみたら父は少し驚いた顔をして、「お前、よくわかったね」と言って、にやっと笑った。

それから旅を続けるにつれ、段々両親との距離が近くなっていくのを感じた。家族としてだけでなく、ひとつの劇団を作り上げる仲間として、両親も私を対等に扱ってくれるようになり、芝居のことも三人で話し合うことが増えた。

美術館に行ったり他の劇団の芝居を見に行ったりすると、両親は必ず私に「萌はどう思った?」と聞いてくれるようになった。私はわからないなりに考えて感想を言ったりしていたけれど、一時は何かを見て考えるのが面倒だと思うようになり、両親に感想を聞かれても「よくわからんかった」と適当に答えることも多くなっていた。

ある劇団の芝居を見た後、いつものように感想を聞かれよくわからんかったと私が言うと、少しの無言のあとで、母が怒りの声でこう言った。

「よくわからんとか簡単に言うなよ。作る側がどんだけ考えて一本の芝居を作ってると思ってんねん。たとえどんなにつまらん芝居でも考えることはいくらでもある。考えることを放棄するな！」

私が何も言い返すことができずに黙っていると、父が「すべての作品にはメッセージがあるからね」と添えるように言ってくれた。考えることを面倒だと思った自分が、急に恥ずかしくなった。

この時の両親の言葉は、芝居などの表現だけでなく、この世のすべてが自分の考えようによって変わるのだということを気付かせてくれる大きなきっかけになった。

中学生に上がると思春期だし反抗期だしで、「旅をやめて高校に行きたい。画家になるために絵の学校に行く」と固い決意を胸に両親に宣言した。

最初は両親も、「まあやってみたら〜」と笑っていた。が、しばらく考え込んだ後、「やっぱり現実的に難しいと思うわ」と今度は真面目な顔で言ってきた。私も段々悲観的になってきて、「私は全然自由じゃない。籠の中の鳥みたいや」と泣きながら言うと、「悲劇のヒロインになるな」とまた怒られた。

父も母も頑固でよく怒る人だったが、その子供の私もまた頑固で、どれだけ強く怒られても根本的に理解することができなければ素直に認めることができなかった。器用にハイハイと受け流せたらどれだけ楽やろうかと思うが、そんなことできるタチじゃない。

結局話し合っても中々まとまらず、母は怒る、私は泣く、父は酔っぱらう。そんなカオスな状況の中で、最後に父が投げるように私に言い放った。

「絵の学校に行けば画家になれると思ってる時点で、お前バカだね。本当に画家になりたいなら、毎日絵を描いて売ってみろよ」

しくしく流れていた涙も引っ込んでしまった。一言ストーンと腑に落ちることを言われたら、私はもう潔く負けを認めるしかない。

それ、名案～採用～♪　心の中で、父のツルッパゲ頭にハイタッチした。

それから私は結局中学校にも行かないことにした。学校に行く時間がもったいないなあと思いだしたのだった。どうせ高校にも行かないのなら、学校に行くのは潔くスパッと辞めて、楽市楽座に集中しよう。それから私は、中一の冬から中三の卒業前まで学校には行かなかった。

中三の旅中には、毎日絵を描いて投げ銭で売ってみたりし始めた。中学卒業後はTシャツに絵を描いて売ったり、個展をしたり一人芝居を自作自演でやってみたり。手探りで試行錯誤しながら色んなモノづくりをしていくと、どんどん自分が解放されて自由になっていくのがわかった。

そして結局私は十二年間、野外劇団楽市楽座の一員として旅をした。

九歳から学校にも行かずろくに勉強もしてないけれど、十二年間の旅生活のおかげで、人生の面白がり方を知ることができた。

両親の背中を見て学んだこともももちろんあるけれど、何より親と子という未完成の人間同士が、体当たりでぶつかり合える関係性を旅生活によって築けたことが大きかったのではないかと思う。

それはとてもリアルで直接的で、面白いことだった。

楽市楽座の芝居は、誰が見ても面白いと思える芝居ではないと思う。なぜなら、それは人間だけに向けた芝居ではないからだ。

だからこそ楽市楽座の芝居は、見る人にも、ユーモアが求められる。折り紙投げ銭を舞台に投げるのも、ユーモアが存在するからこそ成り立っているとも言える。

二〇一四年の旅公演演目『虹をわたって』では、最後に母・佐野キリコが「あんたが、あんたが、あんたが、希望でっせ」と客席に向かって言いながら大見得をきって芝居を締め括った。それは芝居を見ている観客だけでなく、虫や鳥や草や木、星や月、そんな様々な生命体に向けたセリフだと私は思った。

楽市楽座のドリームタイムは、そんな世界の片隅にいる小さな生き物たちと共に、クルクル回っていた。そして私に、ユーモアと希望の見つけ方を教えてくれた。

私はこれからも楽市楽座が続く限り、一観客として長山現と佐野キリコを見続けたい。そしていつまでも、この世界の片隅の小さな生き物として、楽市楽座の芝居を面白がれる人間でありたい。

幼い頃、私が楽市楽座の芝居を何度見ても面白いと思ったのは、楽市楽座が私のドリームタイムだったからだと、今になって思う。

文　長山　現

たいがい誰でもそうだろうが、小うるさい親が嫌で、家出同然に大阪の大学に入った。そこでテント芝居に出会った。十九歳だった。それからずっと芝居をしている。自分で台本を書き演出し、ときには役者もしてきた。

何度もやめようと思ったが、キリコと出会い、キリコと共に芝居を作るようになってからは、もうやめられなくなった。昔は、チラシまで作りながら、台本が書けなくて中止にしたこともあるが、キリコと出会ってからは、そんなことはなくなった。

『アメリカンドリームと犬の生活』という芝居で、川喜田二郎という人が作った「ＫＪ法」を真似て、ラベルでＭＡＰを作り、以後それで台本を書いている。この芝居では「夢や希望」というものがどれだけ都合のいい洗脳なのかを描いた。

「ホームレスこそ神なのだ」という思いでいくつか作ったが、動物やバケモノが出てくる昔話こそが本来の神話なのだと思いあたり、動物やバケモノの話ばかりになり、今日に至る。

二〇一〇年に、投げ銭の全国旅に出た。母親からしょっちゅう電話があり、娘の萌を学校に行かせなさい、と。娘は九歳だったが、私ももう五十歳。母親から注意される歳なのかと、すごく腹が立った。でも考えてみると、腹が立つのは母親から嫌われたくないからでもあった。そう思い当たると、もう腹は立たなくなった。たんに「もう、わかってるから。来年はそうするから」と答え、そうしないだけ。そのうち母親は何も言わなくなった。

最初の年から、旅は沖縄にも行った。湾岸戦争の時に行って、そこがどれだけ米軍だらけなのかを知っていたが、キリコは沖縄の受け入れの方にあちこち連れていかれ、本もドッサリ買い込んで、大きなショックを受け、沖縄についてかなり学んでいたようだ。

そして、大阪に帰ってきて、二〇一一年の芝居『ツバメ恋唄』の台本初稿ができた日に、三・一一と原発事故が起きた。これは、私の人生でも最大の事件だった。子供だった萌を守るために東日本の旅をすべて中止し、西をグルグルと回った。

この芝居は、中東での戦争（南でヒドイことが起きている）を扱っていたが、お客は福島のことを連想する人が多かった。各地には避難した家族も多く、終演後にボロボロ泣きながら色々と語ってくれた。

原発についてあまり知っていたわけではないが、調べるほどに怒りが沸いた。しかし、マスコミはまったく報じない。原発を非難する言葉もあまりに少なかった。それは不健康なことだった。私たちは『反原発紙芝居―金魚姫と蛇ダンディ』を作った。三十分もない、アジテーション紙芝居。北九州の門司を皮切りにあちこちでやった。主に街頭だ。沖縄の集会ではウケた。投げ銭もあり、少しは収入にもなる。

しかし、大阪では見向きもされず。たんに白い目で見られることも多かった。日本がいかに最低なのかを飲み屋で語っていたら「じゃあ、あんたが日本を出て行けば?」などと言われた。この紙芝居をもとに『宝の島』を作った。沖縄を五カ月グルグル回り、新作をつくり、鹿児島から全国を回るというハードな旅だった。怒りと笑いの芝居だったが、原発反対の活動を長いことやっている人たちは泣いていた。

次は戦争が起きると思った。ロシアもチェルノブイリで崩壊している。崩壊を防ぐためなら、日本は戦争もやりかねない。『はだかの王様』は、そんな時に天皇制が復活するだろうという芝居だったが、まったくわからなかった人も多い。親から「あまり天皇制を批判してると狙われるよ」と忠告を受けたが、そういう言葉が天皇制を作っている。

次の『虹をわたって』は、この世界のどこに希望があるかを考えた。小さく、場末で生きることにこそ希望がある。私たち自身が希望だ。いかに楽しく生きるか、そこにしか希望はない。

次の『バードフラワー』は陰謀論を扱った。おそらく「ケムトレイル」という言葉を舞台で使ったのは私たちが初めてだろう。私はすっかり陰謀論者になっていた。ここは根底から奇妙な世界なのだ。

二〇一六年の『ヨイショ、コラショ』では、山奥には国家から逃げた人たちが暮らすゾミアという場所(参考『ゾミア-脱国家の世界史』ジェームズ・C・スコット)があることを。もともと言葉が通じないヤモリ婆、ジプシー金魚、カミキリ虫のカミキルというメスたちが出会い、そこにユートピアを作り出すという芝居を作った。

次の『小さなオバケたちの森』は、死生観を扱った。「死んだら終わり」や墓という死生観が、いかにわたしたちを洗脳しているか。私たちはちゃんとした死生観を取り戻す必要がある。

『赤いクツ』は乞食。乞食は日本では法的に禁止されている。ホームレス支援とかいうが、ホームレスほど正しい生き方をしている人たちはいないのではないか。イスラムでは乞食だって堂々としている。乞食の大金持ちもいるらしい。乞食ってスバラシイ！

いつだっただろう。沖縄の高江に通うようになった。高江は米軍のヘリパッドが造られようとしていたところで、一年目の旅の終わりに、高江へリパッドの記事を新聞で見て驚いた。その後、高江に行き、面白い人たちにたくさん出会った。私はもともと社会運動にそれほど律儀ではない。大学の自治寮とか京大西部講堂も、面白い人間がいっぱいいたから通っただけだ。高江はホントに面白く、飲み友達がおかしかった。キリコが映画『標的の村』の上映会を大阪でしたこともある。沖縄でサウンドパレードに参加したこともある。

しかし、その高江が全国的に有名になると、全国から活動家とかヘリパッド反対の人たちがバスを連ねてやってきて、Tシャツを買っていったりするようになった。機動隊がズラっと並ぶと怒声が飛ぶようにも。わたしはもともと運動とは距離を置いてきた。面白いところには首をつっこむという、はなはだ不謹慎なやからだ。だから、あんなハードな場所にはいられない。

佑之助が入ってきて四人になった私たちの『うたうように』や『かもしれない物語』は、そんなことも含めていたと思う。

私は普段着のズボンもアフリカンで、帽子とか手袋とか、レインボーだ。自分としては「人類はもともとすべてアフリカ人。レインボーは多様性で、これはレインボー革命だ」などと思っている。CDも、ゲバラの若い頃の映画のサントラを一番よく聴いている。もちろん武装闘争などしない。武装闘争は、権力が一番得意な土俵に戦いの場を作ることになってしまう。

武装闘争だけではない。私は選挙に行くのもやめてしまった。選挙もけっきょく連中が作った土俵ではないか？　色んな反対運動や署名も、もうやる気がしなくなった。そういうのも、分断を作るだけのような気がしてきたから。間違っているかもしれない。そのうち気が変わるかもしれない。しかし、今はハイジのお爺さんのような気分だ。とてもシニカルであると同時に、じつは楽観的でもある。

私はコロナウイルスの存在にも懐疑的だし、ワクチンにはもっと否定的だ。マスクの効用なんかなさそうだし、まあ、いろいろと陰謀論者そのものだ。

楽観的なのは、世界の常識が次第に小さくなっていることだ。一時期、世界はもうすぐ滅びるだろうというのが常識になりつつあった。でも、このところ、世界はもっと小さくなって生き延びるだろうという話があちこちで咲き始めている。

それに死生観もあわせて考えると「滅びてもいいんじゃない?」という気もしてくる。私たちは死んだら大きな一つのタマシイに帰るのだ。もともとそれが世界の一般常識だった。最後はこの地球もなくなる。太陽系もなくなる。宇宙のどこかで人類が生き延びても、自分自身にはあまり関係はないように思える。

そして今度は二人きりになった。

『ゆりあげ』、『炎の鳥』と、世界はネガティブなこともいっぱいだが、基本はその上でどう楽しく生きていくかを描いたつもりだ。ネガティブなことは物語にしやすい。苦労話だから。今年の新作『ドリームタイム』は、もっともっとおかしなホラ話にしてみたい。

キリコが私のことも含めていっぱい書いてくれた。読んでて楽しかった。もう六十五歳、いつ死んでもおかしくないし、まったく悔いがない。旅に出るまではけっこう悩みも多かったが、旅を始めて色んな人と出会えて、なんとかかんとか芝居で食えて、すごく楽しくなった。可愛い子には旅をさせろと言うが、自分こそ旅をするべきだ。旅をし続けたい。旅が私のドリームタイムだ。

2023年旅公演『炎の鳥』

2018年旅公演『赤いクツ』

1987年大阪・梅田街頭劇

初期の楽市楽座を支えたうでまくり洗吉さん(『カモメ・ブルース』より)

2015年旅公演
『バードフラワー』

2021年旅公演『うたうように』

2021年旅公演『うたうように』

2022年旅公演『ゆりあげ』

上演台本

金魚姫と蛇ダンディー

作・演出・音楽　長山　現

第一幕　鏡池

第一章　ホーキ鬼とふわふわしたものが、風に乗ってやってきて、風に乗って去っていったこと

雷の音がしました。あたりはとっぷりと暮れています。四方からどっと風が吹いてきて、円い池のまわりで、ススキが揺れました。ここは、ススキヶ原の鏡池です。池にまあるいお月さんが映っています。そこに、青い竹ぼうきを持った鬼が飛び込んできました。

ホーキ鬼　おーい、さっさとしろよ。

黄色い穴だらけの傘をさした「ふわふわしたもの」が、ゆらり、ゆらり、のんびりと後からついてきます。

ホーキ鬼　もう、ふわふわしすぎだよ。

ふわふわしたもの　そんなこと言うたかて、まだまだやん。

ホーキ鬼　もう、すぐさ。そんなにグズグズしてられないね。

ホーキ鬼は池のまわりをホーキで掃きはじめました。ふわふわしたものは、そのまわりでふわふわしたものをまき散らしています。

ふわふわしたもの　それにしても、きれいな夕焼けやったなあ。

ホーキ鬼　そうだなあ。けど、ほんとにきれいなのは一瞬さ。夕焼けなんて、いつもあっという間に消えてなくなっちまう。

ふわふわしたもの　夕焼けを見てると「永遠の美しさ」ちゅうのは、夕焼けのこと言うんやなあって思うわ。

ふたつのものは唄いだしました。

唄『もうすぐ（まだまだ）』

ホーキ鬼・ふわふわしたもの

〽もうすぐ（まだまだよ）

ひょっとしたら（ゆっくりと）

そのときはくる（そのときはくる）

一瞬で（永遠に）

あっというまに（いつまでも）

おわってしまう（はじまる）

ホーキ鬼　だいたい、遅いよな。

ふわふわしたもの　うちらが早すぎるんちゃうの。

ホーキ鬼　もう、はじめようか。

ふわふわしたもの　ほな、ぼちぼちと。

ふたつのものは、めいめい呪文のような言葉をつむぎはじめました。

ホーキ鬼　このかたい風にことほぎを！　かすかなほほえみに拍手を。手のゆびのシワに感嘆符を。身体のあちこちのきずあとに讃美歌を。何本かあるシラガに賛嘆を。その息の匂い、ただよう皮膚の匂いに賞賛を。ことほがんかな、ことほがんかな。

ふわふわしたもの　このやわらかい土にことほぎを。見つめてる涙目になげキッス。やがてまたいつかお会いするその時まで、うっとり夢みながら胸ふくらませております。ごきげんよろしゅう。

ふたつのものは、呪文を終えると、はやい風、ゆっくりした風のように飛んで消えていきました。

ふたつのものと入れちがいに、杖をついた死神がやってきました。死神は杖を構えました。一瞬白刃が光りました。

死神　スケジュールがぎっしりだぜ。死神だけがカミじゃあるまいに。

死神はゆっくり去っていくのでした。

第二章　ニンゲン国宝とうさぎ師匠が、池に映った月の上でお月見をはじめ、ねずみ博士もやってきたこと

山盛りのダンゴを持って、紋つきハカマのニンゲン国宝がシズシズとススキヶ原にやってきました。

ニンゲン国宝　すってきな晩や。池におっきなお月さんが浮かんではる。

三味線を背負ったうさぎ師匠が、ニンゲン国宝の後をついてきます。

うさぎ師匠　ずいぶん寂しいとこでんな、ニンゲン国宝

はん。

ニンゲン国宝　なにしろススキヶ原の鏡池ですからな。

うさぎ師匠　なんでススキヶ原の鏡池やったら寂しいねん。

ニンゲン国宝　うーん、なんとなく。あーっはっはっは！　あーっはっはっは！

うさぎ師匠　笑うてごまかすな。

ニンゲン国宝　まあ、ここはひとつ、あの池に浮いとる月の上でお月見と洒落こみまひょか。なあ、うさぎ師匠。

うさぎ師匠　これ、水の表に映ってるだけやないの。こんなん沈むに決まってるで。

ニンゲン国宝　決まってるて、だれが決めた。ワシ、ニンゲン国宝でっせ。だいじょぶ、だいじょぶ。ワシについてくればよろし。

うさぎ師匠　いくらニンゲン国宝いうたかて、むりむり。

ニンゲン国宝　ひとつ、見といておくんなはれ。

　ニンゲン国宝はソロリと池に映った月に足をかけ、すうと乗ってしまいました。

うさぎ師匠　う、うっそやー。

ニンゲン国宝　さあ、うさぎ師匠。

うさぎ師匠　あんさんはニンゲン国宝さんやからそんなことでけるかしらんけど、うちにはむりむり。うち、イナバの頃から水苦手やねん。

ニンゲン国宝　ためしに前足でつんつんしてみなはれ。

うさぎ師匠　ためしだけやで…つん…はっ？…つんつん…か、かたい！

ニンゲン国宝　そやろ。

うさぎ師匠　つん…つん…。

ニンゲン国宝　はよう。

うさぎ師匠　えい！

ニンゲン国宝　ホラ。

　うさぎ師匠は、ちゃんと立つことができたので、すごく嬉しくなりました。

うさぎ師匠　ひゃあ、立てた立てた！　ほんまにお月さんの上に立てた。ひゃあ、ごっつ久しぶり。懐かしいわあ。モチついたろうかな。
ニンゲン国宝　しりモチつかんときや、なんて、あーっはっはっは！　あーっはっはっは！
うさぎ師匠　先におもろいこと言うたんウチちゃうの。なんかハラたつわあ！
ニンゲン国宝　それはすまんかったのう。ダンゴ食うて機嫌なおしておくんなはれ。
うさぎ師匠　ふん。うちが作ったダンゴやで、それ。
ニンゲン国宝　（見回して）…カンペキなお月見や！　スキ、だんご、池に映った月の上、そして、うさぎ師匠とふたりっきり。（うっとりとダンゴをぱくぱく食べています）
うさぎ師匠　あ、勝手に食べんといて。
ニンゲン国宝　うさぎ…ちゃん！　ほんまはワシ、こんなダンゴとちごて、あんたのヒゲまんじゅうが食いたい！
うさぎ師匠　（びっくりして）ウチはもうとうに百をこえてまっせ！
ニンゲン国宝　ワシかて似たようなもんやで。
うさぎ師匠　ウチはうさぎ。あんたニンゲンやろ。しかもニンゲン国宝ちゃうの。ちぃとは慎んだ方がええで。
ニンゲン国宝　ええやん、そんなん、ワシらもう残り少ないイノチやねんから。

うさぎ師匠、あやうし。

うさぎ師匠　あ、いやだめ、そんな、あかんて、もう…

その頃、望遠鏡が、ニンゲン国宝とうさぎ師匠の様子をじっとうかがっていたのでした。

うさぎ師匠　あ、ねずみ博士！

ねずみ博士は、あわてて手に持っていた望遠鏡を空に向けました。

ニンゲン国宝　のぞいとったんか！
ねずみ博士　あれー、雲が出てきてしまったかな。あれー、あれー…ええ⁉　ああ、こりゃあ奇遇ですね。ニンゲン国宝。

ニンゲン国宝　反応遅すぎやろ。なにしに来たんや。

ねずみ博士　月を観察していたら、いつの間にかこんなところに。おや、なんとまあ、うさぎ師匠まで。なにをしていらっしゃるんですか？

ニンゲン国宝　シラジラしい。

うさぎ師匠　お月見ですねん。

ニンゲン国宝　ふたりっきりの。

うさぎ師匠　よかったら、センセもご一緒に。

ニンゲン国宝　ええ？

ねずみ博士　いいんですか？　それじゃあ、お言葉に甘えまして。

ねずみ博士は、スタッと月に飛び乗りました。

うさぎ師匠　センセ、意外と身軽やないの。

ねずみ博士　科学も体力が勝負ですから。

うさぎ師匠　けどセンセ、ここ、池に映った月の上なんよ。

ねずみ博士　ええ⁉　し、信じられない！　あ、急にめまいが…（と、うさぎ師匠に嬉しそうにすがりつくのでした）

ニンゲン国宝　わざとらしいんじゃ。

うさぎ師匠　やっぱり博士としては、こんなとこあかんかも。科学的ちゃうし。

ねずみ博士　いいえ、そんなことはありません。

ニンゲン国宝　科学的にありえへんやろ。

ねずみ博士　科学的にありえないということと、本当にありえないということは、必ずしも同じではないのではないか。…あの、現れてそうそうで申しわけありませんが、すこし長く語ってもよろしいでしょうか。

ニンゲン国宝　あかん。だまって月みようや。

ねずみ博士　…けっこう重要なセリフなんですけど…。

ニンゲン国宝　あかんあかん、ここ、本来はしっとりしたええ場面やねんから。

うさぎ師匠は、三味線を弾きはじめました。

ねずみ博士　あの…語らせて…語らせてください。…語ります！

　ねずみ博士は語りはじめました。

ねずみ博士　わたし、非常に悩んでいるのです。そもそもわたしが月に興味を持ったのは、うさぎ師匠、あなたの過去が知りたかったからなのです。

うさぎ師匠　あら、まあ…。

ねずみ博士　うさぎ師匠は若い頃、あの月でオモチをついていた。

うさぎ師匠　そんな昔の話…。

ねずみ博士　はじめは師匠の若い頃のお姿をただただじっと眺めているだけだったのです。けれども、これでもわたし科学者です。そのうち、ひたすら月を観察するようになり…。

ニンゲン国宝　観察なんて、やらしいんちゃうの。

うさぎ師匠　ひゃ、そんな。

ねずみ博士　月とは！　なんとボールのような球体で、しかも空に浮いていることを知りました。これは、月の満ち欠けと、太陽との位置関係でわかるのです。太陽が近いとき、月は細くなり、離れると月は太っていく。どんどん離れて、反対側にくると、満月になります。この満ち欠けは、ボールに明かりをあてたときと、まったく同じかたちなのです。

うさぎ・ニンゲン　それで。

ねずみ博士　それから、この望遠鏡で見れば、目ではなかなか見えない細かいことがよく見えるのです。ニンゲン国宝さんのハナゲとか、うさぎ師匠の…。

うさぎ師匠　見たらあかん！

ねずみ博士　失礼しました。これで月を見ると、なんと月の表面は砂漠のようで、ニキビのあとのようなでこぼこがたくさんあるのだということがわかりました。さあ、ここからがわたしのほんとうの悩みです。

ニンゲン国宝　なんやねん。

ねずみ博士　科学という方面から月のことを考えますと、うさぎ師匠、すみません…月にうさぎは存在しない…過去にも、現在にも、存在しないという結論にいたってしまう！　月でモチをついているあなたの姿は、表面のデコボコが作り出した偶然のもようにすぎない！　ああ、なんたることだ！　わたしはこのことにずっと苦しんでいます。ひょっとすると、科学的にありえないということは、必ずしも、本当にありえないということとはちがうのかもしれない。けれども…。

うさぎ師匠　ひどい…うちはたしかにお月さんでモチついとったんや。毎晩、ペッタンコー、ペッタンコー、相方もなく、たった一人で。モチつきっちゅうのは、本来二人は必要やねん。一人がモチつくやろ。そしたら相方が手に水つけてちょいと返す、（モチをついて）あ、それ、ペッタンコー。

ニンゲン国宝　（相方をつとめて）は、ちょいなー。

うさぎ師匠　は、そうれ、ペッタンコー。

ニンゲン国宝　は、ちょいなー。

うさぎ師匠　は、そうれ、ペッタンコー。

ニンゲン国宝　は、ちょいなー。わしら息が合いまんなあ。

うさぎ師匠　これ一人でやってみ。そうれ、ペッタンコー…やれやれ、ちょいなっと…どっこいしょと、ペッタンコー…はあ…ちょいな…あああ…ペッタン…やっとれんわ。二人ならだんだん楽しくなってくるモチつきも、ひとりぼっちじゃ辛いばかり。でな、もう身体ガタガタになってもうて、ついにドサアと倒れてしもて、その倒れたアトが今もお月さんに残ってるっちゅうわけやねん。悲しく辛い青春の墓標…それをセンセ、あんたはただのデコボコいうんか？　バカにすんな！

ニンゲン国宝　泣けるのお。オワ、オワ、オワワ、ワワワワ、オワワ、オワワワ。

ねずみ博士　だからこそ、このわたしの苦しみを救えるのは、うさぎ師匠しかいない！

うさぎ師匠　あんたは、うちに、過去を捨てろとおっしゃるのね！

ねずみ博士　ええ！　お互いに過去を捨て去り、一緒になりましょう！

うさぎ師匠　そやけど…そやけど…。

うさぎ師匠は、三味線を弾きながら唄いました。

うさぎ師匠　〽この年で　過去を捨ててしもたなら　あとはちょとしか残らへん。

ニンゲン・ねずみ　うーん、そやなあ…。

三人、いや、正確に言うと一人と二匹ですが、しみじみとダンゴを食べるのでした。

ニンゲン国宝　お互い、いつお迎えがきてもええ年や。あのお月さんとこへでも行けたら、こんな嬉しいことないなあ。（ねずみ博士に）科学的にはありえへんことやろうけどな。

ねずみ博士　そこらへん。難しいところですなあ。

うさぎ師匠　この間、ウワサで聞いたんやけど、医学が進歩してるせいで、死神の仕事が増えて困ってるらしいで。

ねずみ博士　医学が進歩したら、死神の仕事は減るはずだ。

ニンゲン国宝　一緒やろ。最後はみんな世話になんねんから。

ねずみ博士　あ、そうか。

うさぎ師匠　いろんな種類のイノチ刈り取らなあかんねんて。ピロリ菌とか。そのうえ、うっかりまちがったりしたら、起訴されたりすんねんて。

ニンゲン国宝　けど、ここだけの話。だいぶ、これでもうかるらしいで。

ニンゲン国宝は、着物のソデに手をいれたり、出したりしました。

ねずみ博士　まさか神様ともあろう人が。

ニンゲン国宝　ここだけの話やけどな。親指から小指まで、一本一本の指全部に指輪してる死神もおるらしいで。

うさぎ師匠　神さんくらいこれ（ゆびで丸をつくり）の好きなもんおまへんからなあ。あ、あんたらダンゴ食いすぎ。これ、ダンディーに持ってきてあげたんやから。

ねずみ博士　あ、すいません。
ニンゲン国宝　かたいこと言わんと。それにしても、蛇ダンディーのやつどこ行ったんやろ。やる気あるんやろか。あいつ。
うさぎ師匠　せっかくびしびしレッスンつけたろと思ってんのになあ。今日はちゃんとでけたらおダンゴのごほうびも用意したのに。
ニンゲン国宝　甘いわ、うさぎ師匠も、このダンゴも。
ねずみ博士　勉強の方はもう止直なところ、まったく見込みがありません。
ニンゲン国宝　踊りもちとセンスがなあ。なんやクネクネするばっかしで。
うさぎ師匠　唄もヘロヘロしとるし。
ニンゲン国宝　いくらスター目指してもなあ、望みは…。
三匹　ヒジョーにうすい！
ねずみ博士　しかし、スターとは！　…手を伸ばしても届かない、それをスターというのです。
うさぎ師匠　あ、なあるほど。けど、手届かんのが本人ちゅうんは、スターとは言われへんやろ。
ねずみ博士　あ、なあるほど。
ニンゲン国宝　ごもっとも。

ふいに、四方からまたどっと風が吹いてきました。

ニンゲン国宝　なんや、今の風…
うさぎ師匠　（耳を立てて）足音。ヒタ、ヒタ、ヒタ。
ねずみ博士　なんか匂う…。

第三章　道化師のエンドンが死神をつれてきて、死神が釣りをしたこと

ススキをかきわけながら、道化師エンドンが現れました。

ねずみ博士　なんだエンドンか。

ニンゲン国宝　あんたかいや。
うさぎ師匠　びっくりさせんといて。
エンドン　カンオケに片足つっこんだようなのが集まって、仲良くお月見かい。
うさぎ師匠　ええやろ。
ニンゲン国宝　仲良くはともかく。あんたも似たようなもんやろ。
エンドン　おーい、こっちだ！　鏡池あったよう！

ススキをかきわけて現れたのは、さっきの死神です。けれども、ただのおじいさんにしか見えませんでした。袋に入った長いものを杖のようについていています。

死神　ここが鏡池かい。
エンドン　ああ、そうだ。オレみてえな、この川べりに住んでるもんじゃねえとな、ススキん中で迷ってたどりつけねえとこだ。
ニンゲン国宝　（エンドンに）あんまりお見かけしないお顔でっけど、こんなとこになにしに。
エンドン　鏡池でよ、釣りがしてえんだとさ。
うさぎ師匠　こんなとこで釣り？
ねずみ博士　こんな汚い池で、なんにも釣れませんよ。
死神　そうかい？
エンドン　な、なに言うんだよ。釣りするんだったらよ、ここが一番だぜ。ちょっと汚く見えるけどよ、臭いけどよ、そこが「伝説の鏡池」、「謎の鏡池」ってとこじゃねえか。池ってのはさ、いろんなものが生きてるからイケっていうんだぜ。何が釣れるかわからねえ。釣りが好きだったら一度は勝負してえとこだ。なあ、そうなんだろ？
死神　ほんとに汚ねえな。ほんとにこれが鏡池かい。
エンドン　ちゃあんと月が映ってるじゃねえか。

エンドンもひょいと月の上に乗りました。

エンドン　なあ、鏡池だよなあ。ここ。
ニンゲン国宝　まあ、そうやけど。あんさん、そう気軽に水に映った月に乗られたんでは、わしらの立つ瀬がないやないか。

エンドン　え？　これ月？　あ、そ。それで？

死神　へえ、あんたら水に映った月の上にいるのかい？

ねずみ博士　ええ、まあ恥ずかしながら。科学的にはなんと申したらよろしいか…。

うさぎ師匠　なんやだんだん当たり前になりつつありますけど。

死神　じゃあ、オレも邪魔するぜ。

その月に、のっそりと死神も乗ってきました。

うさぎ師匠　やっぱし、誰でも乗れるんちゃう？

ニンゲン国宝　とほほー。

死神　おい、とっとと来な。

死神はふところから包みを取り出して、エンドンに与えました。

エンドン　ええ？　こんなに？　やっぱり世の中景気がいいんじゃねえか。

死神はゆっくりと月のフチを歩きます。ニンゲン国宝たちは、なんかヒソヒソと耳打ちしています。そうです。指全部に指輪をしているのです。

うさぎ師匠　あのう、つかぬことをお伺いいたしますが、ひょっとしてひょっとしたらと思いまして…まさか、ねえ、オホホホ…あんさん、死神はんちゃうわなあ。

死神　いや、そんな。なんでわかったの。それがどうかした？

うさぎ師匠　や、やっぱし！

ニンゲン国宝　あわわわわ、あわわわわわわ。

ねずみ博士　ああ、今宵が月の見納めか…。

エンドン　どうりで景気がいいと思ったぜ。

死神　おいエンドン、ちょっと池のあっちこっちが見てえんだけどよ。

エンドン　池が見てえって、なんで？

死神　いいから。見せてもらえねえか？

エンドン　見るものなんてなんにもねえよ。月がかげったら、あたり真っ暗になっちまうぜ。帰り道も案内いるんだろ。さっさとすましちまったらいいじゃねえか。

死神　ゴチャゴチャゴチャゴチャゴチャうるせえんだよ！　さっさとしろい！

三匹　ひゃあ〜〜〜！

エンドン　わかった、わかったよ。

ニンゲン国宝　エンドン、あんた死神怖ないんか。

エンドン　どうせ誰でもいつか死ぬんじゃねえか。一緒だろ。そんなに怖い？

エンドンはそばに立っていた竹をグイと引きぬいて、船頭のように、月をあやつりはじめました。

三人　死神コワイー〜〜〜。

唄『死神怖い』

三匹

〽骨のズイまでぞっとした　ガタガタ　ガタガタ

ヒザに力が入らない　ガクガク　ガクガク

逃げも隠れもできそにない　ぶるぶる　ぶるぶる

この身ふるわせ待つばかり　ぞわわわー

ほんと怖いよ　死神怖い　ぞわわわー

死神

〽月の夜には風もふく　サラサラ　サラサラ

ススキゆれてる鏡池　ユラユラ　ユラユラ

だれが先でも恨みっこなし　ぶるぶる　ぶるぶる

これが運命　待ったなし　ぞわわわー

ほんと怖いよ　死神怖い　ぞわわわー

死神　よおし、ここらへんにするか。

エンドン　あんまり変わりねえ気がするけど。

死神は、持っていた袋をほどきました。三匹はついにきたかと目をつぶります。死神が取り出したのは、釣竿でした。

ねずみ博士　釣竿…？
ニンゲン国宝　ウキまでついとる。

ポチャン。死神は座って釣りをしはじめました。皆、フシギに思っておたがいキョロキョロと見合っています。

ニンゲン国宝　あー、死神さん…。
死神　ジミーって呼んでくれ。
エンドン　名前なんかあるのか、死神に。
死神　あっちゃ悪いか。
うさぎ師匠　やっぱりみんな個性がおありなんやろね。死神ジミーさんは、ジミーな死神さんとか。
死神　なんだとー！　くそう！
ねずみ博士　なに言うんですか、うさぎ師匠。
うさぎ師匠　うちもなに言ってんだか、ああ…。
ニンゲン国宝　（さすがに少し落ちついています）ま、ダンゴでも召しあがりなはれ。
死神　ああ、こりゃどうも（遠慮なくいただきます）。

ニンゲン国宝　今日はフナかなんかを、あの、なんと申しますか、刈り取りに？
ねずみ博士　ひょっとするとアルカエア菌とか。
うさぎ師匠　なにそれ。
ねずみ博士　メタンガスを発生させる菌ですね。古代の地球からずっといるバイキンです。
死神　一応分担が決まっててね。オレは体重五十キロまでを担当してる。
エンドン　ウエイト制かよ。ボクシングみてえだな。

三匹は、びっくりして自分の体重を思い出し、うさぎ師匠はドキマギしています。ほっとする者もいれば、太ろうと、あわててダンゴを口一杯に詰め込むものも。

死神　あ！

死神ジミーが皿に手をのばすと、もうダンゴはありませんでした。じっと皿を見つめている死神の横顔を見ていたら、とんでもないことをしたような気がしてきて、怖くなってきました。

死神　もうダンゴはねえのか。

ニンゲン国宝　あ、ホナ、ちょっと取ってきますわ（嬉しそうに皿を持ちます）。

うさぎ師匠　じゃあうちはお酒でも。

ニンゲン国宝とうさぎ師匠は、飛ぶようにぴゅうううううっと去っていきました。あとに、ねずみ博士がブルブル震えながら残っています。

エンドン　行かねえのかい。

ねずみ博士　わたし、なにも持って来るものがないんです！　情けないいっ！

死神　まあ、ゆっくり月でも眺めてたらどうだい。

ねずみ博士　…同じお月さまでも、メンバーがちがうとこうも変わるものだろうか。

死神　なんだって？

ねずみ博士　なんにも言ってません。心の中で思っただけ。

死神　心ん中じゃなに思おうと、そりゃ勝手だからな。

ねずみ博士　まるで心の中まで見すかされているようで、死神には、まるではっきり聞こえているようで、なにも思うまい、なにも考えるまい…じいっと月だけを見ていよう。

エンドン　あーあ、ヒマだぜ。

エンドンは、ゴロリと横になりました。

死神　ダンゴ、持ってきやがらねえな。

エンドン　酒も持ってきやがらねえ。

死神　釣れねえな…。

エンドン　…あのさ、いったい何を釣ろうってんだよ。

死神　蛇さ。

エンドン　蛇？　カバ焼きみてえにすると食えるって聞いたことあるけどよ。

死神　この鏡池には大蛇が一匹住んでるって聞いてな。

エンドン　へえ。
ねずみ博士　大蛇…まさか蛇ダンディーのことではあるまいが…。いや、蛇ダンディーのことなど考えるな。この胸の奥にしまっておかねば。思うだけでも危ないぞ！
死神　おまえ全部しゃべってるじゃねえか。
ねずみ博士　え？　聞こえてました？
死神　…そう言いたかったが、心の中にしまっておいた。
ねずみ博士　チュウ！

第四章　腹をすかせた蛇ダンディーが帰ってきて、エンドンが金魚を釣り上げたこと

蛇ダンディーの声　腹減ったー。腹減って死にそうだー。

　静かなススキヶ原の向こうから、蛇ダンディーの声が聞こえてきました。

死神　出かけてやがったのか。

ねずみ博士　蛇ダンディー！　危険だぞ！（口をおさえて）しまった！　今、わたし、なにか言いました？

　蛇ダンディーがフラフラと現れました。

蛇ダンディー　ああ、ひもじいー。腹が減って、死にそうだー。

　蛇ダンディーは、死にそうな声で唄うのでした。ホーキ鬼、ふわふわしたもの、そしてうさぎ師匠まで現れて、一緒にバックダンサー兼コーラスで加わります。

唄『オイラは蛇ダンディー』

蛇ダンディー
〽オレの名前を知ってるかい

蛇ダンディーっていうんだぜ
カッコよくねえか
身なりにゃイノチかけてるぜ
いつもしゃれ者　伊達男
蛇ダンディー　蛇ダンディー
脱皮するたび　ひと皮むける

いつもサイフはからっぽさ
誰かおごってくれないか
カッコよくねえな
口をつくのは美辞麗句
いつもしゃれ者　伊達男
蛇ダンディー　蛇ダンディー
金がないときゃ　冬眠したい

じつはずいぶん風呂入ってねえ
下着も三日かえてねえ
匂わねえよな
見かけだおしのスイなやつ
いつもしゃれ者　伊達男
蛇ダンディー　蛇ダンディー
オイラの夢は　芸能界

蛇ダンディー　今夜気がつくと、気がつくと、空にポッカリまあるいダンゴが浮かんでて、オイラはそのダンゴめがけてススキヶ原を駆けていったんだ。ところが追いかけても追いかけても、お空のダンゴは逃げていく。もうあきらめて帰ろうとしたら、今度はダンゴが追いかけてくる。なんだか怖くなって逃げだすと、やっぱりグングン飛んで追いかけてきて、だったら食ってやろうじゃないかと追いかけると、今度はやっぱり逃げていく。あ、手の届かぬダンゴ、ダンゴ、今夜オイラはダンゴでタンゴ？　そのうち空腹で目もかすんできて、こうやってソデをかんでガマンしていたら、あ、そうか、空腹って服も食いたくなるって意味なんだなあって、また一つ勉強してしまった。ああ、いかん、シワになる…ん？

蛇ダンディーは空腹のために、死神エンドンもねずみ博士も見えませんでした。ただただ、匂いをたよりに、ダンゴのあった場所にたどりつくのでした。

蛇ダンディー　（匂いをかぎながら）ダンゴの匂いがする…だれかオイラにおそなえしてくれたのか？　なんでないんだよう！　あ、粉が…。

蛇ダンディーは、あられもなくペロペロとなめるのでした。

蛇ダンディー　まさか…オイラ、見られてる？

ごまかすために、踊りだしました。

ねずみ博士　蛇ダンディー！　踊ってる場合じゃない。すぐ逃げるんだ！

蛇ダンディー　ねずみ博士！　なんでダンゴ全部食っちまったんだよう。一コくらい残してくれたっていいのに。

ねずみ博士　ごめんよう。いや、そんな場合じゃない！

エンドン　そろそろニンゲン国宝がダンゴ持ってくるんじゃねえか？

蛇ダンディー　エンドン！　ダンゴ持ってくるって？　やったあ！

ねずみ博士　うさぎ師匠がお酒も。いや、そんな場合じゃない！

蛇ダンディー　今夜はお月見パーティー？　ラッキー、あぁ、カミサマ、ありがとーう。

蛇ダンディーは感謝の祈りを捧げました。

死神　おい！　オレのことは無視かい！

蛇ダンディー　だれだい？　ラッキーな贈り物をしてくれる、カミサマかい？

ねずみ博士　ああ、ラッキーどころかアンラッキー！

死神　おい、ちょっとコレ持っとけ。

エンドン　（死神から釣竿をあずかって）ああ、いいよ。

死神　（すごく怖そうなポーズをとって）死神だよ。

蛇ダンディー　死神？　ああ、久しぶり。ええと、英語で言うと、グッドナイト！
ねずみ博士　それはおやすみなさいです！　いや、そんな場合…って、あんたら知り合い？
死神　大蛇が聞いてあきれるぜ。なんだい、チャラチャラしやがって。
蛇ダンディー　オイラ、ダンディーだし。
死神　なんで大蛇がダンディーになっちまうんだよ。
蛇ダンディー　勝手だろ。だって大蛇なんて今時はやらねえぜ。大蛇よりダンディーのほうが人気出そうじゃないか。
死神　まさか、本気で歌手とか目指してんじゃねえだろうな。あの唄で？　ムリなんじゃねえか？
蛇ダンディー　グサ、グサ、グサグサグサ！　そんなことないよ。オイラを応援してくれてるファンだっているぜ。（見回して）あれ？　オイラのファンは？　バックダンサーたちは？
ねずみ博士　そんなもんいるわけないじゃないか、蛇ダンディー。まだデビューもしてないのに。幻だよ。
蛇ダンディー　幻？　空に浮いてたダンゴみたいに？
ねずみ博士　それは月。
蛇ダンディー　ああ、それにしても腹が減ったなあ…。
死神　情けねえ。こんなやつが鏡池の大蛇だなんてよ。こんな汚ねえ池のどこが鏡池だ。ただのゴミ捨て場じゃねえか。お前、なんで怒らねえんだ？　怒ったっていいんだぜ。腹が減ってるんだろ。目の前のねずみを食ったらいいじゃねえか。え？　パクっとよ。ちょろいもんだろ。ひと飲みじゃねえのか。

カミナリが鳴りました。蛇ダンディーはチラリと大蛇になりかかります。

蛇ダンディー　うがあああ！
ねずみ博士　チュウ！
蛇ダンディー　…やっぱりやめた。まずそうだろ。けど、腹減った…。
エンドン　オレもまずいよ。
死神　おい、蛇神…。
ねずみ博士　蛇神？　蛇ダンディーが？

死神　お前だけじゃねえ。昔はさあ、仲間がいっぱいいたもんだ。それが今じゃどうだい、カミといやあオレだけみてえな気がするぜ。ワリにあわねえ。真面目にやってるのはオレだけなのにさ、オレだけ怖がられ、嫌われモンじゃねえかあ。そうかと思えば、こいつみてえに生きてるのか死んでるのかわからねえようなヤツもいて、怖がりもしねえ。それはそれで虚しいもんよ。なあ、蛇神…やめてくれよ。そんなチャラチャラするのはさあ。お前だけみんなから好かれようなんてズルイ。オレ、さみしいよう。なあ、つるもうぜえ。お前がカミナリをとどろかせ、オレがザックリ刈り取る。そうしようぜえ。

蛇ダンディー　よ、よせよ。死神のくせにメソメソすんなって！　もうオイラは大蛇でも蛇でもないんだ。蛇ダンディーさ！

　蛇ダンディーは手を空に向かって差し上げました。
　すると、カミナリが響き渡りました。

蛇ダンディー　あ、いけねえ、いけねえ！

　その時です。

エンドン　ああ、引いてる！

　イナズマに照らされて、水面がキラリと光りました。
　エンドンが思わず持ち上げた竿の、つり糸の先に、何かが揺れているのでした。見ると、小さな赤い金魚がピチピチはねています。

ねずみ博士　（望遠鏡でのぞいて）コイノボリです！

皆　金魚だろ！

ねずみ博士　あ、ほんとだ。

蛇ダンディー　見せて見せて！

　蛇ダンディーはその金魚のついた竿をエンドンから受け取って、うっとり眺めました。

蛇ダンディー　なんてうまそうな金魚なんだ。

（金魚）　食べんといて…。

蛇ダンディー　え？

（金魚）　ダメダメ、食べちゃダメ。

蛇ダンディー　あ、なんかピチピチしてて可愛いなあ。

（金魚）　食べたらあかんて。いやん。ウッフン。

蛇ダンディー　ああ、こ、こいつ今、オイラにウインクしやがった！

ねずみ博士　金魚にマブタはないはずですが。

（金魚）　食べちゃダメいうとるやろ。

蛇ダンディー　フフ、なんか可愛い。食べちゃいたいくらい。

（金魚）　あ、やめて！　やめて！　食べたらあかんて！

蛇ダンディー　ああ！　おい、ちょっと！　ちょっと！

（金魚）　食べんといてー！　ダメ！　ダメ！　ダメー！

金魚は蛇ダンディーの手をすり抜けようとピチピチとはね、蛇ダンディーは竿を持ったままひっぱられ、ススキの中を右往左往、すると見る見るうちに金魚は大きくなり、手に糸をからめて唄うのでした。

唄『波の音』

金魚姫

〽愛されるためだけに　生まれたイノチ
はかない夢のように　明日を知らぬ
ユラリユラリただよい　泳ぎつかれ
ねむり知らぬまなこで　愛だけ見てる
恋すれど　耳には
見はてぬ　そとうみの
波の音がざわめく
愛されるためだけに　生まれた

金魚姫　こんばんは。金魚姫と申します。

蛇ダンディー　きみ、ずっとオイラの池にいたのかい？

金魚姫　見つかったら食べられるうと思って、じいっとこの月の下にかくれてたてん。

蛇ダンディー　そうか、気がつかなかった。あ、手を怪我してるじゃないか。

金魚姫　うん、針にひっかかって。
蛇ダンディー　見せてごらん。ひでえことしやがるな（針を抜いてあげました）。
金魚姫　痛かったぁ…。
蛇ダンディー　かわいそうに。よしよし。
金魚姫　食べんといて…。
蛇ダンディー　大丈夫だよ。
金魚姫　うちもきっと大丈夫やと思ってた。唄ったり踊ったりして、オモロイ蛇さんやなあって。
蛇ダンディー　えー、ほんと？　じゃあ、オイラのファン第一号だね！
金魚姫　それって自慢になるんやろか？
蛇ダンディー　ああ、キミが見ていてくれたっていうだけで、オイラには自慢になるさ。
金魚姫　まあ、お口が上手やわあ。
蛇ダンディー　なんだろう、この胸の奥のイナズマは。
金魚姫　トキメキちゃうの？
蛇ダンディー　なんか運命的な出会いを感じる。ひょっとして、これが恋っていうもんなんだろうか。ヒトメボレってお米だけじゃなかったんだ！　それもそのはず、キミとオイラはたった今、運命の釣り糸で結ばれて出会った！
金魚姫　いやん。
蛇ダンディー　照れないで、金魚姫。
金魚姫　ちゃうねん。なんでかしらんけど、みんな、そんなこと言うねんなあ。
蛇ダンディー　（ずっこけて）ホントかよ…。
死神　おい、オレの竿で釣り上げたんだ。エンドン、その金魚こっちに持ってこい。
エンドン　ああ。おい、こっちもお呼びだぜ。
金魚姫　ああ、蛇ダンディー、ちょっと待っててなあ…。

エンドンは金魚を死神のところに連れて行きました。

死神　へっへっへっへ。オレ、死神。（いじけて）どうせ、怖いだろ。嫌いだろ。
金魚姫　まあ、シブい男。うち、金魚姫と申します。
死神　ほんとかよ。はじめてだぜ、そんなこと言われたの！

金魚姫　ひとつよろしゅうに、死神はん。

蛇ダンディー　この鏡池は、オイラの池なんだ。鏡池で釣れたんだから、オイラの金魚姫さ！

金魚姫　ああ、うちのこと呼んではるわ。ちょっと待ってな…。

死神　オレの竿で釣ったんだから、オレの金魚だろ！

金魚姫　ああ、どないしたらええんやろう。

ねずみ博士　あのう、釣り上げたのはエンドンでは。

エンドン　そうか、そうだよな。エンドンだ。ひとつよろしくな。

金魚姫　まあ、エンドン。お化粧落としたらどんな顔やろ。

蛇ダンディー　金魚姫、そんなやつのとこ行ったら一生浮かばれないぜ。

エンドン　オレが釣り上げたんだ。てことはよ、オレの金魚姫ってことだ。

死神　オレの竿で釣ったんだろ。

蛇ダンディー　オイラの池なんだ、ここは。

金魚姫　ウチ、モテすぎて、いっつも困ってまうねんなあ。

エンドン　じゃあ、死神のダンナ、売ってやろうか。

金魚姫　へ？

蛇ダンディー　オイラが買った！

エンドン　お前、一文なしだろ。

蛇ダンディー　ちょっと待ってよ…。

蛇ダンディーは池に手につっこむと、底に沈んでいた酒瓶を取り出しました。

蛇ダンディー　これで、どうだい。

エンドン　酒じゃねえか！　…カラだぜ。

蛇ダンディー　ビンだけじゃだめ？

エンドン　話にならねえな。おい、あんたはどうする？

死神　お前な、死神と取り引きしようってのかい。

ねずみ博士　エンドン、やめといたほうが…。

エンドン　死神だろうが蛇神だろうが、オレはかまわねえよ。高く買うほうに売るだけだ。まだまだ持ってんだろ。
死神　つり上げるなよ。もう、お前に払う金なんてねえな。
エンドン　なんだよ、セリ上がると思ってたのによ。
蛇ダンディー　じゃあオイラの勝ちってことで。
エンドン　アキビンでよく言うぜ。
蛇ダンディー　だってあっちは降りたんだろう。
金魚姫　うちはアキビンかい。
ねずみ博士　あの！　私、三百五十円持ち合わせてます！
エンドン　三百五十円？
金魚　うちは三百五十円の値打ちなんか？
エンドン　頼むぜ、死神。
蛇ダンディー　金魚姫、オイラのとこへおいで。
ねずみ博士　三百五十円！
エンドン　仕方ねえな。三百五十円か。
金魚姫　なんや、ごっつくやしいわあ。

すると。死神ジミーが、仕込み杖を抜きはなちました。すごい風が吹き始めました。

死神　おい、そんなに欲しいなら、力づくで奪ってみろ。
蛇ダンディー　なに？
死神　姫ってのはいつだって、戦って勝った方がいただくもんよ。
金魚姫　そういう言葉、待っとったんや！

死神が仕込み杖をひとふりすると、大風が吹きました。

エンドン・ねずみ博士　ああ、ああ、ああああああああああああああーーーー！

エンドンとねずみ博士は吹き飛ばされてしまいました。

金魚姫　きゃああ、吹き飛ばされるー！
蛇ダンディー　しっかりつかまっとけよ！
死神　これで邪魔ものはいなくなったぜ。

蛇ダンディー　クソウ、やったな！　イカズチよ、落ちろ！

カミナリが死神の上に落ちました。

金魚姫　ギャー！　し、しびれるー！

蛇ダンディー　（自分の手を押さえて）し、しまった…勝手に手が。なんで蛇なのに手が！

死神　ふふふ、あはははは！　そうこなくっちゃなあ、大蛇なんだからな、お前は。オロチだろ！　風よ、もっと吹け！　鬼火よ、はじけろ！　ススキヶ原に火を放て！

ホーキ鬼とふわふわしたものが現れ、火花をまき散らしました。

蛇ダンディー　もっと強いイカズチよ！　イカリのテッツイとなって死神を打ち倒せ！

ふたたびカミナリが鳴りひびきます。蛇ダンディーの姿はみるみるうちに巨大な蛇になっていくのでした。

金魚姫　キャー、コワイー！　助けてー！

第五章　土蜘蛛一家が現れ、カジノでの勝負を提案したこと

四人のチンピラたちが、四方のススキの間から飛び出してきました。イノチ知らずの、虫ケラの連中です。

サルー　おひかえなすって。

アメン坊　おひかえなすって。

カエール　おひかえなすって。

ダンゴムシ　おひかえなすって。

死神　なんだ、てめえらは。
サルー　手前、土蜘蛛一家の若いもんで、サルーと申しやす。
アメン坊　手前、土蜘蛛一家の若いもんで、アメン坊と申しやす。
カエール　手前、土蜘蛛一家の若いもんで、カエールと申しやす。
ダンゴムシ　手前、土蜘蛛一家の若いもんで、ダンゴムシと申しやす。
四匹　虫ケラ同然のあっしたらでごぜえやすが、以後、お見知りおきのほど、よろしゅうお願い申し上げます。
金魚姫　ウチのこと、助けに来てくれたん？
死神　なにしにきやがったんだよ。
アメン坊・カエール・ダンゴムシ　サルー兄貴、どうぞ。
サルー　おう。

サルーと呼ばれた兄貴分らしいチンピラは、ゆっくりと前に進み出てクルリと回りました。

サルー　親分、どうぞ！

土蜘蛛一家の親分が、見るからに悪女っぽいサソリを連れて、堂々と現れました。

四匹　土蜘蛛親分でごぜえやす！
サソリ　まあまあ、たいそうな。
土蜘蛛親分　ワシが土蜘蛛じゃあ。死神のだんな、いっつもお勤めご苦労さんじゃのう。わしらみんな虫ケラじゃけえ。コロコロコロコロ簡単にいってしまうもんでのう。始終、死神はんにはお世話になっとりますわ。…ほんまに…今も一匹、そこでコメツキバッタの野郎が…もう、コメツクこともできんようになって…。

目じりに涙を浮かべる土蜘蛛親分に、サソリがそっとハンカチを差し出しました。

土蜘蛛親分　ワレ、そがいな気配り、大事なこっちゃ、サソリ。

サソリ　あれも寿命や。虫ケラやもん。

土蜘蛛親分　そうじゃのう…いや、すまんのう。話がそれた。…じつはの、ワシら今宵、この鏡池で盆開く段取りしとったんじゃ。

サルー　（進み出て）「盆開く」いうんはな、しろうと衆にはわからんかもしれんから、説明さしてもらいまっけど、バクチ場開くっちゅうことですわ。土蜘蛛親分、失礼しました。

土蜘蛛親分　ワレ、そがいな気配り、大事なこっちゃ、サルー。

サルー　おおきに。

金魚姫　助けに来てくれたんちゃうやん…。

土蜘蛛親分　バクチなんぞ、死神はんから見りゃチンケなことじゃろうが、ワシら虫ケラにとっちゃあ、人生磨く大切なもんでのう。人生には乗るかそるかの大バクチちゅうことがあるじゃろ。ワシら虫ケラとして腹くくる。気構えちゅうもんをこしらえる。バクチ場いうんは、ワシらにとって、バクチの神さんまつりあげる、まっこと神聖なるもんなんじゃ。

アメン坊　（進み出て）ひょっとして、「バクチ場」もわからんかもしれんから、説明さしてもらいまっけど、バクチ場いうんは、大人が賭け事するとこですわ。カジノともいいまんな。土蜘蛛親分、失礼しました。

土蜘蛛親分　ワレ、そがいな気配り、大事なこっちゃ、アメン坊。

アメン坊　おおきに。

土蜘蛛親分　そういう神聖なカジノじゃけえ、今のあんたらの勝負にもふさわしいとワシは思うんじゃが、どうじゃろうのう。バクチで決着つけてもらえんかのう。あんたら、カジノでそこの娘ごかけて、勝負せんか？　いや、この土蜘蛛のメンツにかけて、お願いできんじゃろうか。

カエール　（進み出て）「メンツ」いうんは、プライドのことだぜ。土蜘蛛親分、失礼しました。

土蜘蛛親分　ワレ、そがいな気配り、大事なこっちゃ、カエール。

カエール　ありがとうございます。

死神　おもしろそうだな。もちろん、賭けてやるんだろうな。

蛇ダンディー　元手がいるじゃないか。オイラ、一文なしだぜ。

サソリ　元手なら心配いらんわ。融通さしてもらいまっせ。

サソリは分厚い札束をビランビランさせました。

ダンゴムシ　（進み出て）融通いうんは…融通いうんは…。

土蜘蛛親分　ワ、ワレー！　…気持ちだけもろうとくわ、ダンゴムシ。

ダンゴムシ　すんません。おおきに、土蜘蛛親分…。

四匹　ええ親分やー！

金魚姫　ゆうずうってどういう意味？

蛇ダンディー　オーウ、それはね、ユーヅゥーミー？

サソリ　貸したるっちゅうこっちゃ。

蛇ダンディー　オーウ、それはラッキー！

金魚姫　借金するってこと？　やめといた方がええんとちゃう？

蛇ダンディー　そうか、心配してくれるんだね。オイラたちの未来の暮らしを。

金魚姫　うちらの未来の暮らし？

蛇ダンディー　そうさ、心配しないで、ベイビー。オイラには才能がある。勉強もしてきた。負けるはずがないんだ。

死神　心配いらねえよ。金魚姫。そいつが負けたら、あんたオレのとこに来るんだから。こっちの暮らしの方がぜいたくできるぜえ。

金魚姫　ぜいたく、ええなあ。

蛇ダンディー　おいおい、ちょ、ちょっと。金よりも才能さ。嫌われモンのところに行くよりも、人気モンと一緒になって、ちやほやされたくないかい。

金魚姫　それも、ええなあ。

死神　才能なんてねえだろ。

蛇ダンディー　オイラを信じるんだ、金魚姫。ごらん、オイラの鏡池に月が浮かんでるだろ。これってオイラにツキがあるってことじゃないか。キミを手に入れて、そして大金も手に入れる。一本二股ってやつさ。

サルー　一石二鳥やろ！

金魚姫　なんや、どっちもどっちのような。けど、ウチのために戦ってくれるなんて、なんや嬉しいような、こそばゆいような。ウチは愛されるために生まれてきてん。一番愛してくれるお方のとこへ、もらわれていきまっせ。

土蜘蛛親分　ほな、胴元が勝ったら…。

　サソリがパシッと親分を叩きました。と、そこにねずみ博士が現れました。

ねずみ博士　この博打、三百五十円しかありませんが、私も加えさしてもらいます！

　ニンゲン国宝、うさぎ師匠、ホーキ鬼、ふわふわしたものも現れました。みんな、口々に自分も参加することを表明しました。じつはみんなバクチが大好きだったのです。がやがやと、うるさいうるさい。蛇ダンディーが手をあげると、カミナリがとどろき、みんな静かになりました。

蛇ダンディー　それで勝負の方法は？　ジャンケンかい？アミダクジ？

死神　なんだそれ。サイコロ、花札、麻雀、競馬、手ホンビキに坊主めくり、カードにスロット、なんでもござれよ。

土蜘蛛親分　わからんか？　さっきから、この月、グルグル回っとろうが。

皆　ルーレット！

土蜘蛛親分　やろうども、準備せえ！

四匹　おう！

　虫ケラどもが、ルーレットの準備にとりかかりはじめました。

土蜘蛛親分　ただ今より、十分間の休憩じゃあ！

第二幕　ルーレット・モンテカルロ

第六章　鏡池が巨大なルーレット・モンテカルロになり、勝負がなされたこと

サソリが現れます。

サソリ　そろそろご開帳といくで！

全員現れます。皆、ルーレットを興味深げに見て、あれこれ言って騒がしいです。

土蜘蛛親分　虫ケラが、軽いイノチ張って開く、イカサマなしの、神聖なるバクチじゃあ。この勝負、一番勝ったもんが、そこの金魚姫を連れていく、文句ないじゃろうのう。

皆　おう！

キラキラと明かりが灯り、そこはもうカジノです。虫ケラたちが唄い踊ります。

唄とラップ『ギャンブル、ギャンブル』

全員　〽ギャンブル、ギャンブル、ギャンブル、ギャンブル、ギャンブル、ギャンブル！

サルー　人生にはいろいろあんねん　賭けんとあかんときぎょうさんあんねん！

アメン坊　そんなときゃビビらずどかっと腰すえ　なけなしの勝負せなあかんねん！

カエール　賭けられないやつ負けるのヤなやつ　なんにも手に入らないやつだぜ！

ダンゴムシ　生まれたときはみな一文無しや　ハナからたいしたもんちゃうねん！

全員　ギャンブル、ギャンブル、ギャンブル、ギャンブル、ギャンブル！
ニンゲン国宝　いっちゃんみじめなんは賭けないことや　賭けるん怖なって逃げだすこっちゃ！
うさぎ師匠　そんなヤカラはあとんなって　ぐずぐずグチこぼしたり後悔ばっかり！
ねずみ博士　大きく賭けたことのないやつに限って小さい賭けにこだわりつづける！
ホーキ鬼・ふわふわしたもの　小銭かせいで勝負逃げてりゃ最後はびくびくふるえながら死んでく！
全員　ギャンブル、ギャンブル、ギャンブル、ギャンブル、ギャンブル！
蛇ダンディー　オイラに勇気をおくれイチかバチかノルかソルかぶれない自信を！
金魚姫　結果なんてどうでもええねん　けどどうやってじっと待つなんてできるんや！
死神　つけあがって盛り上がって後んなってぞっとするなよ　あのときやめときゃよかったって！

全員　ギャンブル、ギャンブル、ギャンブル、ギャンブル！

全員
〽まわれ　まわれ　ルーレット
グルグルまわれ
赤と黒の運命を
転がって勝たせておくれ
モンテカルロ

アメン坊　ルールを説明さしてもらいまっせ！

虫ケラ
〽ルーレット・モンテカルロ・インサイドベット
数字は一から三十六
プラスゼロの三十七個
一つに賭ければ三十五倍
十万賭けりゃ三五〇万
二つに賭けりゃ十七倍

三つで十一倍
四つで八倍
六つだったら五倍、五倍

虫ケラ
〽ルーレット・モンテカルロ・アウトサイドベット
タテとかダズンとか
一ダースの数字に賭けたら二倍
赤か黒かに賭けたら一倍
上半分とか下半分だったら一倍

アメン坊　お客さんが全部の数字に賭けなはったら、誰かが三十五倍やからわしらの儲けは一人分だけですわ。
カエール　赤とか黒とかにお賭けになったら、わたしらが儲かるのはゼロの時だけ。
ダンゴムシ　胴元があんまり儲からへんバクチですわ。
サルー　さあ、どないすんねん。どないすんねん。
サソリ　金ならなんぼでも貸しまっせ。

ニンゲン国宝、うさぎ師匠、ホーキ鬼、ふわふわしたもの、それぞれあっちこっちに賭けました。

死神　じゃあオレは…黒に十万！
皆　あ、けっこう地味。
死神　うるせえな。
蛇ダンディー　オイラも十万借りるぜ。
サソリ　十万貸したるわ。
蛇ダンディー　（受け取って）赤に十万。
サルー　ねずみセンセはどないすんねん。
ねずみ博士　とりあえず一回見ときます。
土蜘蛛親分　くは、もうからんのぅ。
アメン坊　ほな、ダンゴムシ、行こうか。
ダンゴムシ　おう！

ダンゴムシが、ザブンと鏡池の水の中に入りました。

ニンゲン国宝　なんや、タマはベンジョ虫か。
ダンゴムシ　ベンジョ虫言われたわ。まいるで。

うさぎ師匠　〇〇〇に、お願いね。
カエール　声かけるの八百長のもとだから、やめてくれないかな。
うさぎ師匠　あ、すんまへん。
ねずみ博士　月のまわりをダンゴムシが回るわけですなあ。
死神　おい、さっさとしろよ！
サルー　ほな、ボチボチ行きまっせ！

第七章　一回目の勝負で誰も勝つことができず、ダンゴムシがいじめられたこと

全員
〽まわれ　まわれ　ルーレット
グルグルまわれ
赤と黒の運命を
転がって勝たせておくれ
モンテカルロ

みんながダンゴムシが転がっていく、いや、泳いでいくのを見つめます。

皆　あー！
サルー　緑のゼロ！
皆　えー！
金魚姫　あらあら。
土蜘蛛親分　いや、こりゃ、すまんのう。
カエール　はい、ごめんよ、ごめんよ。

賭け金がすべて没収され、サソリの前に積み上げられます。皆、がっかりですが仕方ありません。

蛇ダンディー　くそう！　十万も負けちまった…。
死神　十万ぐらいでガタガタ言うんじゃねえよ。
金魚姫　太っ腹やなあ。

ニンゲン国宝　コラ、お前まさかわざとゼロのとこいってないやろうなあ。

サルー　声かけたらアカンて言うたやろ、オッサン。

うさぎ師匠　オッサンて、この人けっこうエライお方やねんで。ニンゲン国宝やねんで。

サルー　なんや、ニンゲンコクホーって。おい、知っとるけ。

アメン坊　ニンゲンモドキみたいなもんちゃうか。

ニンゲン国宝　ニンゲンや。

ダンゴムシ　ああ、ニンゲン。ワシ、ダンゴムシ。

ニンゲン国宝　一緒にすな！

サルー　ちょい待ち。なんでニンゲンがおんねん。

アメン坊　ほんまや。どうりでさっきから臭いと思ったわ。

四匹　ニンゲンくさ！

うさぎ師匠　あのなあ、このお人、国のタカラやねんで。

ねずみ博士　ですから、とうにニンゲンを超えてるわけです。

ニンゲン国宝　まあ、そういうことや。わかったか、ベンジョ虫。

ダンゴムシ　またベンジョ虫言われたわ〜。

カエール　だから、声かけちゃダメ…ああ！

アメン坊　おい！　こらオッサン、お前のせいでコイツ落ち込んでダンゴになってもうたやんけ。

ニンゲン国宝　え？

サルー　おい、しっかりせえよ。

カエール　気にするなよ、あんなやつの言うこと。

土蜘蛛親分　どがいしたんじゃい！

サルー　ダンゴムシの野郎、落ち込んでダンゴになってもうて。

土蜘蛛親分　まいったのう。

蛇ダンディー　それじゃ、この勝負もうおしまいかい？

金魚姫　みんなのほうが楽しそうやなあ。

土蜘蛛親分はおもむろに刀を抜きました。

唄『ダンゴムシ』

土蜘蛛親分　〽ダンゴムシ　ダンゴムシ

ベンジョ虫なんて　呼ばないで

コロコロまるまる　かわいいダンゴムシ

ダンゴムシ、少し気をとりなおして大きくなって唄います。

ダンゴムシ　〽ダンゴムシ　ダンゴムシ

皆　〽ベンジョ虫なんて　呼ばないで

子供は大好き　かわいいダンゴムシ

だけど気をつけて　よく似てるから

甘納豆とまちがえて

ニンゲン国宝　あ、甘納豆みっけ

皆　〽食べないで

ダンゴムシはすっかり元気になりました。

三匹　よっしゃあ！

サルー　さあ、お次をどうぞ。張った、張った！

死神　もう一度、黒に二十万。

ねずみ博士　倍倍に賭けていって、最後は勝つもりですな。

死神　よくわかったな。

ニンゲン国宝　さすが死神はん、クロウトやなあ。ワシも黒に一万。

蛇ダンディー　こっちも二十万借りるぜ。

サソリ　二十万貸したるわ。

蛇ダンディー　赤に二十万。

金魚姫　借金三十万やで。

蛇ダンディー　え？　じゃあ勝っても借金残るのかよ！

ねずみ博士　勝てば二十万。三十万返しても十万残ります！

金魚姫　頼んないなあ。

うさぎ師匠　うちも赤に五千。

ホーキ鬼　黒に二千。

ふわふわしたもの　赤に千。

サルー　よござんすか、よござんすか。

ねずみ博士　待った！　ゼロに三百五十円。

皆　けちくさ。

土蜘蛛親分　くは、もうからんのう。

第八章　**二回目の勝負で、ねずみ博士だけが勝ち、ダンゴムシが死んでしまったこと**

全員

〽まわれ　まわれ　ルーレット
　グルグルまわれ
　赤と黒の運命を
　転がって勝たせておくれ
　モンテカルロ

皆　あー！

サルー　またまた緑のゼロ！

蛇ダンディー　くそう！

死神　またゼロかよ！

皆　ブーブーブー！

一人ねずみ博士だけが「三十五倍！」と大はしゃぎしています。

サソリ　はいよ、一万三千二百五十円！

ねずみ博士　ここから、ここからです。

うさぎ師匠　なんぼなんでも、おかしいんちゃうやろか。

ゼロが二回も続けて出るなんて。

ニンゲン国宝　ほんまやなあ。

うさぎ師匠　まさか、いかさま?

皆　いかさまー!　い、か、さ、ま!　い、か、さ、、ま!

皆が土蜘蛛一家をおいつめました。

土蜘蛛親分　なんじゃとお!

土蜘蛛親分は、腰にさしていた六本の刀を六本の腕でギラリと引き抜きました。じっさいは、子分たちが四本の刀を後ろで構えています。

土蜘蛛親分　そりゃあ、仮説ちゅうもんじゃのう。証拠があるんかい!

虫ケラ　るんかい!

土蜘蛛親分　証拠もなく仮説だけちゅうのは、言いがかりいうんじゃ!

虫ケラ　うんじゃ!

土蜘蛛親分　文句あるんじゃったら、証拠出してつかあさい!

虫ケラ　かあさい!

土蜘蛛親分　さあ、どうなんじゃ!

虫ケラ　なんじゃ!

土蜘蛛親分　バクチいうんは、神代のころからの神聖なもんよ。

虫ケラ　もんよ!

土蜘蛛親分　カバチたれんなや!

虫ケラ　なや!

土蜘蛛親分はジロリジロリとみんなを見回しました。

ねずみ博士　たしかに仮説にしかすぎません。勝ったから言うんじゃありませんよ。たとえ!(声を小さくして)イカサマだとしても…(大きくして親分のように見得を切りながら)そこのところをカケヒキし、計算して裏をかく!　それがバクチじゃあなかろうか!

土蜘蛛親分　ええこと言うのお。

虫ケラ　のお！
ねずみ博士　ということで、一万円は残しといて、ゼロに三千二百五十円。
うさぎ師匠　ゼロに五千！
ニンゲン国宝　ゼロに一万！
ホーキ鬼　ゼロに二千！
ふわふわしたもの　ゼロに千！
土蜘蛛親分　ほう…ゼロに合計…（指を折っている）。
サソリ　二万一千二百五十円や！
土蜘蛛親分　ワレ、そがいな気配り、余計なこっちゃ！
虫ケラ　こっちゃ！
サソリ　ごめーん。
土蜘蛛親分　大事なこっちゃ！
虫ケラ　こっちゃ！

土蜘蛛親分は、ダンゴムシにつまずいてしまいました。

土蜘蛛親分　気イつけえや、ベンジョ虫。
虫ケラ　ムシ！
ダンゴムシ　ベンジョ虫って…親分！
皆　親分！
土蜘蛛親分　いや、すまん…。
サルー　あーあ、また固まってもうた。

土蜘蛛親分（刀を抜いて）

〽ダンゴムシ　ダンゴムシ

死神　またかよ！

皆

〽ベンジョ虫なんて　呼ばないで
コロコロまるまる　かわいいダンゴムシ

ダンゴムシ

〽ダンゴムシ　ダンゴムシ
ベンジョ虫なんて　呼ばないで
子供は大好き　かわいいダンゴムシ

だけど気をつけて　よく似てるから
甘納豆とまちがえて

ニンゲン国宝　まちがえへんやろ。

皆

〽食べないで

ダンゴムシは起きてきません。

その時です。ふわふわしたものとホーキ鬼がふいにダンゴムシのそばでことほぎをはじめました。

ふわふわしたもの　丸いものよ、星のように、月のように、この地球のように転がるものよ。

ホーキ鬼　こころやさしく丸くなるものよ。ダンゴのように、しずくのように、転がる石のようにして、その生涯を転がったものよ。

ダンゴムシが立ち上がりました。

ダンゴムシ　ああ、オレ、ふわふわになっていくわ、ふわふわさん…。（ふわふわしたものにさわって）ああ、ふわふわしてる…（バタリと倒れる）。

ふわふわしたもの・ホーキ鬼　ことほぎ、ことほぎ…。

カエール　おい、どうした！

アメン坊　ダンゴムシ、しっかりせえ！

サルー　大変だ！　姉さん、ダンゴムシの野郎が！

サソリ　（かけよって手をにぎり）…もう、あかんわ…あんた！

土蜘蛛親分　（うなずいて）よう働いてくれたのう…。また一匹いってしもうたのう。

虫ケラ　のう…。

　去っていくダンゴムシに、サソリがはんてんをかけてやりました。ダンゴムシは振り返ってにっこり微笑み、去っていきました。

皆　ダンゴムシ…。

金魚姫　…これでこの勝負も終わり。引き分けやな。

土蜘蛛親分　なんでじゃい。

虫ケラ　じゃい。

金魚姫　（声がふるえている）タマがなかったら、ルーレットにならへんやんか。

サソリ　まだ勝負は二回しかしとらんで。それにタマなら代えの用意がありまっせ。

虫ケラ　まっせ。

サソリ　そろそろ来るころや。

サルー　さあ、どうするどうする、こうするそうする、あするあする？

死神　それじゃあ、これで決着をつけてやる。あ…こっちのタマがつきちまった！

サソリ　金ならなんぼでも貸しまっせ！

金魚姫　ちょうどええやん。もうええわ、もうやめようや。こんな遊び。

死神　勝負てのはな、途中で止めるわけにはいかねえんだよ。なあ、ダンディー。

蛇ダンディー　やめたら借金三十万が！

金魚姫　（死神に）うちな、あんたが勝っても、あんたのとこなんか行かへんで。決めた。そやかて、この蛇ダンディー、たよりなくてほっとかれへんもん。

死神　かまわねえよ。だいたいオレはサカナ系ってのはダメなんだ。

金魚姫　なんやて？

死神　お前ら卵たくさん産みすぎなんだよ。あれが全部死ぬと思うとうんざりだ。顔も見たくねえ。

金魚姫　こ、こんなこと言われたんはじめてや！　許されへんわ！　ダンディー、こいつコテンパンにやっつけてえや！

蛇ダンディー　わかったよ。まかせときな！

死神は、指輪を四本はずしました。

死神　やっと十本コレクションしたお気に入りだが、しょうがねえ！　こいつ四本で四十万にはなるだろう。

皆が、ざわめきました。

サソリ　（受け取って）ええやろ。四十万貸したるわ。
死神　これで決めてやるぜ…黒に四十万。
皆　よ、四十万円！
サルー　さあ、どうするどうする、こうするそうする、あする？
蛇ダンディー　赤に…いや、ゼロかな。
死神　どうした？
蛇ダンディー　ああ、どこにいくらかけりゃいいんだろ。
金魚姫　もう、蛇ダンディーがしっかりせんと、この勝負が盛り上がらへんやないの。
蛇ダンディー　ごめん。
金魚姫　ここで盛り上がらんかったら、ウチまた三百五十円に逆戻りするかもしれへん。
蛇ダンディー　くそう！　じゃあ、ゼロに…。
サソリ　金ならナンボでも貸しまっせ！
蛇ダンディー　十万！
金魚姫　アホ！　なにすんねん。向こうが黒やねんから、ここはやっぱし赤やろ。
蛇ダンディー　じゃあ、赤に十万！
サソリ　十万やな。
金魚姫　十万じゃあかんやろ。借金三十万あんねんで。十万勝ってもまだ借金残るやんか。
蛇ダンディー　いくら賭けたらいいんだよ。
サルー　さあ、どうするどうする、こうするそうする、あする？
ニンゲン国宝　スルスル言うな、縁起が悪い！
金魚姫　もう世話が焼けるなあ。四十万や。死神と戦ってんねんから、赤に四十万！
蛇ダンディー　わかったよ。じゃあ赤に四十万！
サソリ　四十万貸したるわ！
金魚姫　これで借金七十万やで！
死神　そろそろ勝負がつくかもしれねえな。
蛇ダンディー　こっちこそ、これでカタをつけてやる。
サルー　ようござんすか、ようござんすね！
ススキをかきわけて、息を切らして、エンドンが現れました。

エンドン　ダンゴムシなきあとにタマになるエンドンでい。
土蜘蛛親分　よっしゃ、次のタマが来よった。
ニンゲン国宝　こいつもニンゲンやないか。
土蜘蛛親分　あんたはニンゲンを超えとろうが、これは、ニンゲン以下じゃけえ。
サルー　それじゃ、行きまっせ！
皆　よっしゃあ！
エンドン　さあ、お仕事、お仕事！

エンドンは、ざぶんと鏡池に入りました。

ねずみ博士　あ、やっぱり赤にしとこ。
皆　え？

第九章　三回目の勝負で死神が勝ち、蛇ダンディーを連れていったこと

エンドンはスイスイと泳いでいきました。

全員
〽まわれ　まわれ　ルーレット
グルグルまわれ　赤と黒の運命を
転がって勝たせておくれ　モンテカルロ

サルー　緑の…いや、黒の一！
皆　ええええ！
カエール　死神さんに四十万どうぞ！
死神　やったぜ。
土蜘蛛親分　あちゃあ、やられたわあ。やっぱしタマはダンゴムシに限るわ。
エンドン　へ、すまなかったな。
蛇ダンディー　クソウ！　やられちまったじゃねえか！

金魚姫　そんな、勝負は時の運やもん！　けどな…。
死神　勝負はついた。オレの勝ちってことだ。
金魚姫　けどな、親分、やられたっていうけどな、いっちゃん得してんの、親分ちゃうの。
皆　ええ？
土蜘蛛親分　な、なにを言うんじゃ。
ねずみ博士　確かにそういうことですね。
ニンゲン国宝　なんでやねん。親分、四十万払うたんやで。
金魚姫　もし今ゼロが出てれば、二万一千二百五十の三十五倍で七十四万三千七百五十やってんなあ。赤が出れば四十万プラス三千二百五十。黒を出すのが四十万ちょうどで一番損が少ないっちゅうわけやったんちゃうの。
皆　なるほど！
ねずみ博士　じつは、私がとっさに赤に賭けたわけですが、そのために蛇ダンディーが負けてしまったのかもしれない。すみません！
土蜘蛛親分　おもしろい仮説じゃのう。
死神　親分の言うとおり、そいつは仮説だろう。オレの勝ちにケチつけねえでほしいなあ。蛇ダンディー、これでオレは十万の勝ち。お前は七十万の負け。勝負確かについたぜ。
金魚姫　まだまだこれからや。こうなったらトコトンやろうやないの。
死神　そうはいかねえな。言っただろ。勝負はついた。さあ、行こうか。
金魚姫　なんでやねん。まだまだこれからやろ。勝ち逃げするんか。
死神　ぐずぐず往生際の悪い金魚姫だ。おい、ことほごうか。
ふわふわしたもの　赤いものよ…。
ホーキ鬼　水はねるものよ…・
金魚姫　やめてや…ウチ言うたやろ、あんたとは行かへんて。あんたかて、ウチのことなんか別にどうでもええ言うてたやん、サカナはきらいやて言うてたやん。
ふわふわしたもの　尾びれそよぎ…。
ホーキ鬼　背びれたなびき…。

金魚姫は怖くて逃げ回っています。

蛇ダンディー　オレが代わりに行くよ…それでいいんだろ、死神。

死神　オレはそのほうが嬉しいね。

ねずみ博士　蛇ダンディー、自分がなにを言ってるのかわかってるのか？

うさぎ師匠　相手は死神やで。死神について行くってことやねんで。

ニンゲン国宝　あんた、もうスターはあきらめるんか。

蛇ダンディー　オイラはどうなっても構わないさ。姫、キミが死神に連れていかれるくらいなら、オイラが行くぜ。

金魚姫　ダンディー、けど…。

死神　いいんだな。

雷鳴。

ふわふわしたもの　月の下のまわるものたち、踊るものたち、唄うものたちに幸あれかし。雨が雲の汗なら、したたり落ちるほど踊れよ雲ダンス。ごきげんよろしゅう。

ホーキ鬼　星のまたたきが一瞬であるなら、その一瞬の遠きこと遠きこと。幾光年のマバタキが時と距離を超え、今この私にウインクする。ことほがんかな、ことほがんかな。

死神は仕込み杖を抜いて、スウと振りました。グラリと蛇ダンディーの身体が揺れました。

蛇ダンディー　ああ！

皆　蛇ダンディー！

ホーキ鬼・ふわふわしたもの

〽もうすぐ（まだまだよ）
ひょっとしたら（ゆっくりと）
そのときはくる（そのときはくる）
一瞬で（永遠に）
あっというまに（いつまでも）

おわってしまう（はじまる）

金魚姫　ダンディー、ダンディー、なんやろ、この今の気持ち。あんた、ウチのためにどっか行ってまうんか？

ねずみ博士　もうあいつは行ってしまったよ。

金魚姫　え？　なんで？　ここにおるやん。

うさぎ師匠　それはダンディーの抜け殻や。もうからっぽやねん。脱皮してもうたんやなあ。

金魚姫　抜け殻？　ほんなら中身はどこ？　どこ？　どこに行ってもうたんや？

ニンゲン国宝　どこて、そりゃあ遠いお月さんまで行ってもうたんやなあ。

金魚姫　お月さんならここに浮かんでるで。遠いことあれへん。どこやろ、なあダンディーの中身、どこ行ったかくれてんのか？　でておいでえや…ダンディー、ダンディー！　どこ行ったんやろ…なあ、探してや…みんなも探してえや…なあ…どこ行ったんや！　ダンディー！　ダンディー！

蛇ダンディー　姫…姫…。

金魚姫　ダンディー…。

蛇ダンディー　姫…さようなら…。

金魚姫　行ったらあかん、行ったらあかんで、ダンディー！

蛇ダンディー　ごめんよ、さようなら、姫…キミと一緒に唄ったり踊ったりしたかったよ…。

金魚姫　ダンディー、蛇ダンディー！

死神　じゃあ、これで引き上げるぜ。

死神たちは行こうとしました。

土蜘蛛親分　ちょ、ちょい待ちいや！

虫ケラ　ちいや！

土蜘蛛親分　蛇ダンディーに貸した金、七十万はどうなるんじゃ。

虫ケラ　じゃあ！

死神　そんなこと、オレの知ったことかい。そこらへんに聞いてくれ。

先生たち　いや、それはちょっと（とかなんとか）。

サソリ　死神はん、指輪どうすんねん。お気に入りやったんと違うんかい。
虫ケラ　うんかい！
死神　ああ、もういいや、それ。そっちで処分してくれ。どうせ百均で買ったんだし。
サソリ　百均！
虫ケラ　キン！
土蜘蛛親分　おいおい、そうはいかんのじゃあ！
虫ケラ　じゃあ！

土蜘蛛一家は、また六本の刀を構えました。今度は死神も仕込み杖を構えました。

死神　親分、あんた死神とやって勝てると思ってるのかい。
土蜘蛛親分　たとえ負けるとわかっとっても、スジは通さんといかんのじゃあ！
虫ケラ　じゃあ！
サソリ　あんた、そういう心意気、大事なとこやあ！
虫ケラ　とこやあ！
死神　サソリ、お前までこんなとこでウロウロしやがって。夜空に戻ったらどうなんだい。
サソリ　サソリ座のことかい。みんな占いは見るけどなあ、じっさいの星なんてだあれも見いひんわ。だからここにおるんじゃい。
虫ケラ　じゃあい！
土蜘蛛親分　お前ら、ちょっとやかましい。
虫ケラ　しい…。
金魚姫　なあ死神はん、ウチと一回だけ勝負してや。ええやろ、親分。なあ、ウチが勝ったらダンディーの中身、返しておくんなはれ。ええやろ、あと一回だけ。

金魚姫は死神に食いさがりました。

死神　悪いな。この道は一方通行。後戻りはできねえんだよ。
虫ケラ・先生たち　野郎！　おい、待て、死神！　死神！
（など口々に）

死神　それとも、それを承知で一緒に来るかい？

虫ケラ・先生たち　いや、それはちょっと…（など口々に）

死神はゆっくりと仕込み杖を構えました。土蜘蛛親分も刀を構えました。土蜘蛛親分は死神と対決します。

ホーキ鬼・ふわふわしたもの　ことほぎ、ことほぎ。

先生たちは死神が怖くて逃げ出します。虫ケラたちもあとずさりしています。

土蜘蛛親分　ええい、ひけい、ひけーい。

土蜘蛛一家も去っていきました。

死神　勝負に勝っても、やっぱりオレは嫌われものじゃねえか。いやな渡世だぜ。あばよ、金魚姫。

そして、死神は去っていきました。

金魚姫　なんなんや。この胸のざわめき、死にそうなずき。身体の中の力が抜けていく。耳の奥で波の音がする。もう世界に誰もいなくなってしもたような気がする。ウチはなんでここにおるんやろう。まるで、ウチの身体が、ウチの気持ちが、まぼろしみたいな気がする。夜の闇の中に光ってただよう、形のない雲みたいな気がする…。

金魚姫

〽愛されるためだけに　生まれたイノチ
はかない夢のように　明日を知らぬ
ユラリユラリただよい　泳ぎつかれ
ねむり知らぬまなこで　愛だけ見てる
恋すれど　耳には
見はてぬ　そとうみの
波の音がざわめく

愛されるためだけに　生まれた

金魚姫は空を見上げて叫び、うずくまりました。やがて、ため息をつき、ぼうっとススキヶ原をさまようのでした。

第三幕　夜の雲ダンス

第十章　金魚姫は夢の中で蛇ダンディーと唄い、踊っていること

唄『金魚姫と蛇ダンディー』

蛇ダンディー　〽金魚姫
金魚姫　〽蛇ダンディー
蛇ダンディー　〽金魚姫
金魚姫　〽蛇ダンディー
二人　〽赤い糸でむすばれた　さだめの二人

蛇ダンディー　姫、唄も踊りもじょうずになったね。
金魚姫　ウチなあ、蛇ダンディー目指してがんばってんねん。
蛇ダンディー　つねに理想と目標は高く掲げよ。たとえ現実がどんなに低くあろうとも！
金魚姫　ええ言葉やなあ。だれの言葉なん？
蛇ダンディー　オイラの言葉さ。カッコいいだろ。
金魚姫　なんか希望がわくなあ。
蛇ダンディー　それはオイラが成長してるからさ。

蛇ダンディー　〽金魚姫
金魚姫　〽蛇ダンディー
蛇ダンディー　〽金魚姫
金魚姫　〽蛇ダンディー
二人　〽赤い糸でむすばれた　さだめの二人

蛇ダンディーは去ってしまいました。金魚姫は泣いてうずくまってしまいます。

第十一章　蛇ダンディーがいなくなって、金魚姫は土蜘蛛親分の世話になっていること

気がつくと、そこは鏡池の月の上です。金魚姫が一人で踊っているのでした。やがて、三方から先生方が唄いながらやってきました。

ニンゲン国宝　〽あれからどれだけたったものか
ねずみ博士　〽フシギなことに鏡池は
うさぎ師匠　〽あの日の満月そのまんま
先生方　〽いまだに池に浮かびおり
ニンゲン国宝　〽池からけしてはなれぬ姫の
ねずみ博士　〽かたい思いのためだろうか
うさぎ師匠　〽あの日のモチヅキそのまんま
先生方　〽いまだに池に浮かびおり
ニンゲン国宝　〽金魚姫は泣くのをやめて
ねずみ博士　〽唄に踊りの稽古にはげむ
うさぎ師匠　〽世話をウチらにまかせたわ
先生方　〽そは土蜘蛛親分できたお人
ニンゲン国宝　〽大損したのに情け深い
ねずみ博士　〽おりおり通って心くばり
うさぎ師匠　〽きれいなべべまで着せてやり
先生方　〽そは土蜘蛛親分できたお人

ニンゲン国宝　えらい可愛がりようや。
ねずみ博士　サソリの奥方も気の大きい人で、娘同然の

かわいがりよう。

うさぎ師匠　気がまぎれるだろうと、うちらまでも呼びだされ、唄を教え。

金魚姫　ハ、チョイトナー。

ニンゲン国宝　踊りを教えて。

金魚姫　ア、ソレソレ。

ねずみ博士　教養までも身につけさせたいという。

金魚姫　ニニンガシ、ニサンガロク。

先生方　熱の入れよう。

ニンゲン国宝　これ、どういうことやろ。

ねずみ博士　それだけ気に入ったということなんでしょうな。

うさぎ師匠　ほんまに、それだけやろか。なんや下心あるんとちがうやろか。

ニンゲン国宝　上に心あれば、下《しも》にも心あり。やはり本能。足が八本もあれば、マタは七つや。アイタタタタ、イタイイタイ、なにすんねん、うさぎ師匠。

うさぎ師匠　親分はそんなお人やないわ。

ねずみ博士　それをいうなら「魚心あれば水ごころあり」。気持ちはなんとなく通じてしまうもんなんです。

うさぎ師匠　金魚姫はどう思ってるはるんやろ。ダンディーのこと忘れてもうて、エエお方が見つかったらそれも大歓迎やけど、すっかり忘れてしまうのもちょっと辛い気するし、けど、幸せにもなってほしいし、けど、親分には奥さんあるし、ああん、ウチ困ってしまう。

ニンゲン国宝　あんたが困ってどうすんねん。

ねずみ博士　ははは。関係ないでしょ。

うさぎ師匠　なんや二人ともウチに冷たいような気がすんなあ。このあいだの二人の情熱、どこいったんやろ。

ニンゲン国宝・ねずみ博士　（金魚姫をうっとり見て）ええなあ…。

うさぎ師匠　そういうことか。わかりやすいなあ。ま、ええわ。どうせウチは百こえとるし。ま、ウサギやからシワもシラガも目立たんけどなあ。しゃあないわなあ、あっちは観賞用やもんな。

ねずみ博士　なんか言ってます？

うさぎ師匠　ううん、心の中で思ってみただけ。

ニンゲン国宝　それにしても、蛇ダンディーとは大違い。

なかなか…。
三匹　見込みがある！
金魚姫　ヨイヨイヨイトサー。
うさぎ師匠　けど、ときおり見せる憂いに満ちた横顔は、やっぱし蛇ダンディーのこと思いだしてるんちゃうやろか…。
金魚姫　ハー、クネッテクネッテ、チョイチョイノパア。

先生方は惜しみない拍手をするのでした。

ねずみ博士　おつかれさん。
ニンゲン国宝　この期間でここまでできれば大したもんや。
うさぎ師匠　いや、スジがよろしいわあ。
金魚姫　おおきに。これもみんな先生方のおかげや。
ニンゲン国宝　また、この素直さがよろし。
うさぎ師匠　前とはおおちがい。
ねずみ博士　え？　そうでした？
ニンゲン国宝　最初からええ子やったで。
うさぎ師匠　ま、ええけど。

そこに、土蜘蛛親分がやってきました。

土蜘蛛親分　やっとるの。
ねずみ博士　これはこれは。土蜘蛛親分。
土蜘蛛親分　どうじゃろ、金魚姫は。
うさぎ師匠　なかなかスジがよろしいようで。
土蜘蛛親分　ほうか、スジが。
ニンゲン国宝　これやったらもうデビューも近い。
土蜘蛛親分　ほうか、デビューが。
ねずみ博士　勉強の方もはかどってます。
土蜘蛛親分　ほうか、勉強も。いや、先生方のおかげじゃ。
先生方　いやいやいやいや、とんでもない。
土蜘蛛親分　これは今日のお礼じゃ。
先生方　いやいやいやいや…ありがとう。（お互いにめくばせして）それじゃ今日はこれで。
土蜘蛛親分　いや、そんなに急いで帰らんでも。

先生方　（うふっと笑って）失礼いたします。

先生方は帰っていきました。あとに残った土蜘蛛親分と金魚姫。土蜘蛛親分はセキ払いをひとつして。

土蜘蛛親分　あの…。

金魚姫　（同時に）あの…。

あわてて土蜘蛛親分、もうひとつセキ払いをして。

土蜘蛛親分　なに…。

金魚姫　（同時に）なに…。

目をあわす二人。土蜘蛛親分、どうぞお先にと手で示せば、金魚姫もまた、どうぞお先にと手で示します。土蜘蛛親分は、また一つセキ払いをして。

土蜘蛛親分　あの！

金魚姫　（同時に）あの！

目を合わす二人。あわてて…。

土蜘蛛親分　なに？

金魚姫　（同時に）なに？…ウチ、ちょっと、お手洗いに行ってもええ？

土蜘蛛親分　そんなもん、行きいや。

金魚姫　それじゃ、ちょっと失礼をばして…。

金魚姫はススーっとススキヶ原に消えました。

土蜘蛛親分　あ、暗いから気をつけてね…姫。

第十二章　サソリが土蜘蛛親分の挙動不審を心配してること

そこに、サソリが現れました。

土蜘蛛親分　お、お前、どがいしたんじゃい。こんなとこで。

サソリ　挙動不審のあんたが心配で。

土蜘蛛親分　なにを言うとるんじゃ。

サソリ　あの…なに…あの…なに…べつにうちはかまわんで。姫に会いにきたんやろ。

土蜘蛛親分　違う違う。先生方に御礼を持ってきたんじゃい。

サソリ　おんなじことや。どうせうちもあんたに拾われた身や。拾うも捨てるもあんた次第。

土蜘蛛親分　ほんとじゃろうな。心底そがい思っとるんか？

サソリ　…。

土蜘蛛親分　それみい。思うてもないこと口にするな。

サソリ　そやかて…。

土蜘蛛親分　ワレの気持ちはようわかってる。愛しとるわい。

土蜘蛛親分はサソリをしっかり抱きしめました。

サソリ　ほんまに？　心底そう思ってる？

土蜘蛛親分　ああ、ほんまじゃ、考えあってのことじゃけえ。

そこに、サルーが走り込んできました。

サルー　親分、てえへんだ、てえへんだ！

土蜘蛛親分　どがいした！

サルー　あ、お邪魔？

土蜘蛛親分　遠慮すんな、言うてみ！

サルー　ダンゴムシの嫁がガキ十匹連れてお礼参りに来てやすが、どないしたろ。

サソリ　ダンゴムシの野郎、ガキ十匹もおったんか！

サルー　事務所の前で、これみよがしにコロコロしてやすが、どないしたろ。

サソリ　そんなもん踏み潰したり！

サルー　よっしゃ、踏み潰したろ！
土蜘蛛親分　まて！　踏み潰したりせんように、気つけや。ダンゴでもぎょうさんやって、いつでも来い言うて返したれ。
サルー　ほんまでっか？　ええ親分や。おおきに！　これでダンゴムシの野郎も浮かばれますわ。あいつ、ほんまによう働きよったからなあ。せっかくパチンコ玉よりちいと楽になったとこやったのに…。ワシ、サルやけど、木から落ちたとこ親分に拾われて、ほんまよかったと思うてます。ありゃあ、いつのことやったか、なあ、親分、ワシ、今でもありありと覚えてまっせ。親分が女郎蜘蛛の女親分と例の店をはじめたころな…。
土蜘蛛親分　もう、ええじゃろ！　行かんかい！
サルー　あ、失礼しやした！

　サルーは、ぴゅうとサル。

土蜘蛛親分　ベラベラいらんことを…。
サソリ　あんた、昔は無茶ばっかりしてたもんなあ。
土蜘蛛親分　ワレと出会うて、少しは落ち着いたわ。

　土蜘蛛親分はサソリを抱きしめました。そこに、アメン坊がすべりこんできました。

アメン坊　親分、てえへんだ、てえへんだ！
土蜘蛛親分　どがいした！
アメン坊　あ、いや…たいしたことやおまへんねん…。
土蜘蛛親分　遠慮すんな、言うてみ。
アメン坊　立ち退きの迫っとった三丁目のハチ共が、長屋に火つけたんはお前らやろうて、こっちのアブラムシアパートに乗り込んで、大騒ぎになっとるんで。
サソリ　クソバチがあ！
土蜘蛛親分　（サソリを制して）アブラムシの連中にな、とりあえずハチさんらにアパート貸したれって伝えとけ。そろそろマンションのほうがええじゃろう、言うてな。
アメン坊　え？　そんなん言うてええんでっか？　あ、そうか、さすが親分。とりあえず、そう言うときますわ。
土蜘蛛親分　ついでに見舞いとして、レンゲの花でも差し入れとけ。

アメン坊　とりあえず、そうしときますわ！

　アメン坊は、スイーッとすべっていきました。

土蜘蛛親分　とりあえずって、なんじゃい。

サソリ　あんた、ずいぶん優しくなってんなあ。

土蜘蛛親分　ほうか？　昔からワシは優しいで。

　土蜘蛛親分がサソリを抱きしめました。そこに、カエールが飛びこんできました。

土蜘蛛親分　どがいした！

　カエールはあたりを見まわし、サソリをみとめるとしずかに親分に近づき、手の平をヒラヒラさせたり、指を折ったり曲げたりしながら親分になにか耳打ちするのでした。親分もまた、手の平をヒラヒラさせたり、指を折ったり曲げたりしながらカエールになにか指図をするのでした。

サソリ　なにしてんねん、二人で。

　二人、指をクネクネ…。

土蜘蛛親分　え？　いや、こりゃあ…。

カエール　オレはさ、帰る場所のないカエールでよ。みなしごのオレは、親分に拾ってもらって今あるわけよ。でもさ、ときどきすごくさみしくなっちまって、こうやって親分にアヤトリ教えてもらってんのよ。ね、おーやぶん。

サソリ　けど、糸ないやん。

カエール　シュミレーションってやつよ。ね、おーやぶん！

土蜘蛛親分　お、おうよ。

カエール　そいじゃ親分、うまくやりますんで。あ、東京タワーこしらえるってことね。

土蜘蛛親分　おう、気張りいや。

カエールはうなずいて、ぴょんぴょん嬉しそうに跳んでいきました。

土蜘蛛親分　できるやつじゃのう…。
サソリ　あんた、子分らの面倒見まで、よくなったなあ。
土蜘蛛親分　ほうかのう。ワレの面倒も見るつもりじゃけえ。

土蜘蛛親分はサソリを抱きしめました。そこに、金魚姫が戻ってきました。

金魚姫　仲がええなあ。うらやましい。
土蜘蛛親分　いや、こりゃまいったな…。
サソリ　ああ、なんか気がすんだわ。ウチはこれで帰るわ。
土蜘蛛親分　ワシもすぐに帰るけえ。

サソリはススキヶ原を去っていきます。

サソリ　（唄いながら去る）サソリもたまには誘ってね。
土蜘蛛親分　暗いから気いつけえよ。
サソリ　わかってらあ。

サソリは行ってしまいました。

第十三章　土蜘蛛親分と金魚姫がタマシイについて話していたら、雨が降りだしたこと

金魚姫　今日は、なにか。
土蜘蛛親分　先生方へのお礼を持ってな。
金魚姫　いつもすんまへん。きれいなお着物も、おおきに。
土蜘蛛親分　なんの、なんの。
金魚姫　こんなきれいなべべ着せてもろうて、ウチなん

かにはもったいない。

土蜘蛛親分　金魚はやっぱし見栄えがせんといけんけえのう。ぶち似合うとる、金魚姫。着飾って、きれいになって、高付加価値商品になってもらわんといけんけえのう。

金魚姫　ウチみたいなもんの面倒みてくれはって、親分はん、ほんま感謝しとります。

土蜘蛛親分　さっき聞いたんじゃけど、もうデビューもできるとか。

金魚姫　そんな、まだまだや。けど、うちで役に立つことやったら、なんでもさしてもらいます。

土蜘蛛親分　そう言うてもらうと助かるわ。金魚すくいショーはやめるやつも多いけえのう。

金魚姫　ウチにできるやろうか。

土蜘蛛親分　難しいことはないんじゃ。まあるい紙のお月さんの上で破れんように適当にピチピチするだけじゃ。

金魚姫　その、まあるい紙のお月さん破けんように適当にピチピチするいうんがなあ。

土蜘蛛親分　まあなあ。

金魚姫　ウチ、うまくすくすくわれるかなあ。ぜんぜんすくわれへんかったら、すくわれんなあ。

土蜘蛛親分　ほうじゃのう…。

金魚姫　…つっこんでえや。

土蜘蛛親分　（あわてて）すくいようがないのう。

金魚姫　どないしたんや、今日の親分。

土蜘蛛親分　…あんのう。

土蜘蛛親分はフトコロからキセルを取り出しました。すかさず金魚姫がマッチで火をつけます。

金魚姫　なんやろ、親分。

金魚姫がマッチでキセルに火をつけますが、火は消えてしまうのでした。

土蜘蛛親分　…あんのう。

土蜘蛛親分はキセルをくわえなおしました。金魚姫がマッチで火をつけます。

金魚姫　なんやろ、親分。

しかし、火は消えてしまうのでした。

土蜘蛛親分　…あんのう。

金魚姫がマッチで火をつけます。

金魚姫　なんやろ、親分。

こんどはつきました。キセルからはシュッポーンと花火が飛んでいきました。

金魚姫　たまやー！

土蜘蛛親分　姫が華々しくデビューを飾るためには、この鏡池をはなれてもらわんといかんでのう。

金魚姫　え？

土蜘蛛親分　デビューともなれば、旅に出ることにもなろうが。

金魚姫　それは、イヤやー！

金魚姫はべったりと月に泣き伏しました。

金魚姫　ウチ、この月からだけは離れとうないねん。ここには、まだ蛇ダンディーのタマシイがおんねん。

土蜘蛛親分　ほうか…それほどまでにのう。けどなあ、いつまでもここにおったら、いつまでたっても忘れられん。旅に出てみい。姫、あんたまだ若いんじゃ、いろんな出会いがあるで。蛇ダンディーのタマシイはな、姫が行くとこ行くとこ、ついて来てくれるわ。あんたさえ蛇ダンディーのこと忘れなんだら、きっとついて来てくれる。

金魚姫　ウチ自信ないねん。きっとウチ忘れてしまう。ここを離れたら忘れてしまう。ウチのためにイノチ投げだした蛇ダンディーのこと。そうでのうても、だんだんだんだん忘れていってる。

土蜘蛛親分　自然と忘れるんは、悪いこととちがうじゃろう。

金魚姫　ほんまに？

土蜘蛛親分　ワシは、そう思うで。

金魚姫　けど、ウチのせいで…。

土蜘蛛親分　ダンディーのことは、姫のせいとは違うじゃろ。

金魚姫　ウチ、最近、ぼうっとしてると、親分のこと考えてたりすんねん。今日は親分来るんやろうか。なんか持って来るやろうかって。いつのまにか、ウチ、親分のこと…。

　ふいに、カミナリがバーンと響きました。

金魚姫　（空をあおいで）ダンディーが怒ってる！　ウチのこと、怒ってる！

　再び、カミナリがゴロゴロ鳴りました。

土蜘蛛親分　蛇ダンディーのやつ、きっとまた腹の虫がゴロゴロいうとるんじゃ。

金魚姫　（空に向かって）怒ってへんの？

　土蜘蛛親分は、うしろから金魚姫を抱きよせました。

土蜘蛛親分　なんや、ひと雨きそうな気配じゃのう。

金魚姫　ほんまや。

土蜘蛛親分　こがいなとこにおったら、濡れてまうで。

金魚姫　ウチ金魚やから、濡れるのは大丈夫やねん。

土蜘蛛親分　ワシは土蜘蛛じゃけえ、雨には弱いんじゃ。

金魚姫　そうなんや。

土蜘蛛親分　風邪ひくで。どっか屋根のあるとこ行こうかい。

金魚姫　タマシイは風邪ひかんのやろうか。

土蜘蛛親分　どうじゃろうなあ。

金魚姫　（親分を振りほどいて）ダンディーが降りてきそうな感じや！

土蜘蛛親分　降りてくる？

金魚姫　ああ、そうやねん。空からダンディーのタマシイがなあ、スーッと降りてくんねん。
土蜘蛛親分　タマシイか…。
金魚姫　そうや、タマシイや。
土蜘蛛親分　タマシイなんざ、ワシら虫ケラにもあるんじゃろうか。ワシら虫ケラじゃけえ、ひょっとすると、ないんじゃなかろうか。
金魚姫　タマシイなかったら、あんときの蛇ダンディーみたいな抜け殻やで。

カミナリが光り、とどろきました。金魚姫は空を見つめました。

土蜘蛛親分　ほうかのう。
金魚姫　バクチで決めようか。あるか、ないか。
土蜘蛛親分　バクチか。ずいぶん、ざっぱじゃのう。
金魚姫　十数えるあいだに降ってきたらウチの勝ち。降らんかったら親分の勝ち。
土蜘蛛親分　降りそうじゃ。
金魚姫　（親分にむかってキスを待つように目をつぶる）一つ…二つ…三つ…四つ。
土蜘蛛親分　ほおら、降ってきたわ。
金魚姫　…五つ…六つ…七つ…八つ…。

恵みのような雨が降ってきました。土蜘蛛親分は足音が聞こえないように下駄を脱いで、あわてて去っていきました。金魚姫は目をつぶったまま、顔で雨を受け止めていました。

第十四章　蛇ダンディーのタマシイが降りてきたこと

金魚姫　…九つ…十！

金魚姫は雨の中で目を開きました。もう、土蜘蛛親分はいませんでした。ただ、雨が降っているだけでした。

金魚姫　アハハハ、今度こそウチの一人勝ちや。そやろ、ダンディー。

金魚姫はもう一度、雨の中で目を閉じて、雨に顔をあてました。

金魚姫　キス！　キス！　はげしいキスの雨！　キス！キス！　キス！　はげしいはげしいキスの雨嵐！

やがて、夢のような雨の中に、蛇ダンディーが現れるのでした。

唄『金魚姫と蛇ダンディー』

蛇ダンディー　〽金魚姫

金魚姫　〽蛇ダンディー

蛇ダンディー　〽金魚姫

金魚姫　〽蛇ダンディー

二人　〽赤い糸でむすばれた　さだめの二人

金魚姫　蛇ダンディー、怒ってはる？

蛇ダンディー　怒ってなんかいねえよ、金魚姫。けど、ハラすいちまって…。

金魚姫　ほなさっきのカミナリ、土蜘蛛親分の言うたとおり、蛇ダンディーの腹の虫やったんや。

蛇ダンディー　ああ、腹減ったー。せめて、この雨飲もう。

金魚姫　後悔してる？　ウチのこと、最初に食うてもうたらこんなことにならんかったのに。こんなことになるんやったら、蛇ダンディーに食べられてもうた方が幸せやったんちゃうやろか。

蛇ダンディー　そうかな。

金魚姫　きっとそうや…ひと飲みにされてたら、今ごろダンディーの身体の一部になって、この中で生きとったかもしれへんもん。

蛇ダンディー　それじゃオロチじゃないか。オイラは蛇ダンディーさ。姫は知らないかもしれないけど、今じゃ夜空のスターになって大活躍してるのさ。ダンスに（どうやら日本舞踊のよう）ソングに、日夜励んでるんだ。それから、スターにふさわしい勉強もしている。

金魚姫　ステキ…。

蛇ダンディー　（唄い踊りながら）アンアアーン、ちょいとなー、ソレソレ。

金魚姫　キャハハハ！

蛇ダンディー　笑ったな。

金魚姫　ウチな、昔から感動すると笑ってまうねん。

蛇ダンディー　ヨイヤサノ、どっこいせー。

金魚姫　キャハハハ！　けっさくや！

蛇ダンディー　こいつ！　ああ…。

金魚姫　どうしたん？

蛇ダンディー　めまいが…。

金魚姫　スターってハードスケジュールなんやろ。大丈夫？

蛇ダンディー　腹が減っちまって…。

金魚姫　ちょっと待って…。

金魚姫は自分の身体から、痛みをこらえてウロコをひきはがそうとします。

金魚姫　ウーン、ウーン！

蛇ダンディー　なにしてんだよ…。

金魚姫　ウチのウロコ、けっこう栄養あんねんで。

蛇ダンディー　やめろよ、そんなこと…。

金魚姫　ウーン、ウーン、ベリベリベリ。アイタタタタ！

蛇ダンディー　ホラみろ。

金魚姫　…食べて。

蛇ダンディー　…いいよ。

金魚姫　せっかくはがしてんから、なあ。

蛇ダンディー　そうかい？　（少しかじる）うわ、なんておいしいウロコなんだろう。

金魚姫　そやろ。

蛇ダンディー　そうだ、オイラのウロコも食べてみるかい？

金魚姫　え？

蛇ダンディー　ホラ、脱皮しかかってるんだ。ベリベリベリ、ウーン！（ズボンのベルトのあたりから一枚はがして）あげるよ！

金魚姫　…おおきに。（ちょっとかじって）おいしい。

二匹はお互いのウロコをかじりはじめました。

蛇ダンディー　なんか、たのしい味がする。

金魚姫　なんか、やさしい味がする。

蛇ダンディー　おいしい。

金魚姫　にくらしい。

蛇ダンディー　うつくしい。

金魚姫　こいしい。

蛇ダンディー　懐かしい。

金魚姫　かなしい。

蛇ダンディー　さみしい。

金魚姫　ああ、しいしいする。

蛇ダンディー　ああ、オイラもここらへんがしいしいするよ。

金魚姫　ほんまや、これがタマシイというもんやろうか。

蛇ダンディー　少し塩辛くて、黄色い味だ。

金魚姫　きっと月のカケラの味なんや、

唄『肉月』

二人

〽月の光　浴びすぎて
肉にツキ刺さる
月のカケラ　光りだし
せつなくうづき　この身をもがき
ここはどこだと　叫びたくなる

おおおうおおおおおう！
今宵もススキ　月下に揺れる

月の下で　血を浴びて
肉を食らいあう
血肉の味は　月の味

せつなくからい　涙の酒か
この身をめぐり　酔わせておくれ

おおおうおおおおう!
今宵もススキ　月下に揺れる

フラフラと蛇ダンディーは行こうとします。

金魚姫　ダンディー、もう行ってしまうの?
蛇ダンディー　ああ、なにしろスタだし。ハトスケシルでさ。
金魚姫　声が変や。鼻つまってるんと違う?
蛇ダンディー　そなことないよ。いつもといしたよ。
金魚姫　なあ、死神と一緒に蛇神やってんの?
蛇ダンディー　やてないよ。たてスタたも。
金魚姫　スターやろ。
蛇ダンディー　スタ、スタ?　ききひめ、もういかなき。
金魚姫　ききひめ?　いかなき?　なにそれ…。
蛇ダンディー　ききひめのウロコ、おいしかたよ。し、ましたね。
金魚姫　なあ、待ってよ!　なあ、ダンディー!

カミナリがとどろき、蛇ダンディーは消えてしまいました。

第十五章　金魚姫は空飛ぶ円盤に乗り、夜空を飛んだこと

金魚姫は空から落ちてくる雨つぶに顔を向け、立ちつくしているのでした。

金魚姫　(見上げて)ダンディー!

サルー、アメン坊、カエール、ダンゴムシ、ふわふわしたもの、ホーキ鬼。小さいものたちが現れて、や

はり顔に雨を、雨を顔に、あてはじめました。

小さいものたち　（口々に）キス…キス…キス…キス…。

やがて、ねずみ博士とニンゲン国宝、うさぎ師匠が現れました。

うさぎ師匠　金魚姫、風邪ひいてまうで。

金魚姫　ウチ、金魚やし、大丈夫やねん。

ニンゲン国宝　金魚でも水温は大事なんとちがうか。

ねずみ博士　雨の中に、なにか見えますか？

金魚姫　宇宙！

うさぎ師匠　けど、雨やんか。

ねずみ博士　雨もまた、一つの宇宙現象とも言えます。そういう言い方をすれば、この世のすべては宇宙現象ということになってしまいますが。

金魚姫　じゃあ、あの世は？

ニンゲン国宝　あの世はどうなんや、ねずみ博士。

ねずみ博士　宇宙はすべてを含みますから、当然あの世も宇宙現象です。

うさぎ師匠　あの世ってあるんやろか。

ねずみ博士　あるとかないとか、いちがいには言えませんが、宇宙という概念も、あの世という概念も、すべての概念は仮説だともいえます。わたしというものも、リアリティを伴った壮大な仮説です。

小さいものたち　（口々に）キス…キス…キス…キス…

金魚姫　うちら、宇宙人と同じやなあ。

ニンゲン国宝　UFOなら、ワシ見たことあるで。

うさぎ師匠　ほんまに？

ニンゲン国宝　ああ。少しおおきいクツ下くらいでな。くつの形してたてん。

うさぎ師匠　空飛ぶ円盤とは、ちょっと言いづらいなあ。

ニンゲン国宝　呼ぼうか？

金魚姫　呼んだら、来んの？　ほんまに？

ニンゲン国宝　来るかも。

ねずみ博士　そういや、空飛ぶ円盤呼ぶときの言葉とかあったような。

うさぎ師匠　聞いたことあるある。

小さいものたち　キス…キス…キス。

ニンゲン国宝　おーい、みんな手えつないで輪作り。

皆で手をつなぎ、輪を作ろうとするが、届きません。

ニンゲン国宝　足らんなあ。ほんなら、一番頼みにくい人らに頼もうか。

ニンゲン国宝は、ススキヶ原をのぞいているものたち（観客たち）も集めました。土蜘蛛親分。サソリ、エンドン、死神も現れました。

ニンゲン国宝　ほんじゃあ、いくで！　ベントラ、ベントラ、スペースピープル。

皆　ベントラ、ベントラ、スペースピープル！
ベントラ、ベントラ、スペースピープル！
ベントラ、ベントラ、スペースピープル！
ベントラ、ベントラ、スペースピープル！
ベントラ、ベントラ、スペースピープル！
ベントラ、ベントラ、スペースピープル！
ベントラ、ベントラ、スペースピープル！
ベントラ、ベントラ、スペースピープル！

ニンゲン国宝　ほおら、もうみーんな、空飛ぶ宇宙船に乗ってるよー！

そこはもう空飛ぶ円盤の内部でした。カミナリがとどろきました。蛇ダンディーが船長のように颯爽と現れました。

蛇ダンディー　ようこそ、金魚姫！　オイラの空飛ぶ円盤へ！　わが宇宙へ！　ようこそ皆さん！　我が宇宙へ！

全員　我が宇宙へ！

金魚姫と蛇ダンディーはしっかりと抱き合うのでした。

フィナーレ唄『夜の雲ダンス』

全員

〽おどろ　おどろ　ええやん
おど　おど　おどろ
すっとこどっこいしょで
ふわふわ　おどろ　夜の雲ダンス
おどらんかい

おどろ　おどろ　かめへん
どろどろ　おどろ
げっぷして　屁こいて
夜空に流れる　夜の雲ダンス
そっちの雲かい

お月さんを追いかけ　手を振るススキ
お月さんにたのんで　叶えばまるもうけ
おどろ　おどろ　ええねん
おど　おど　おどろ
ふんでけって　じたばた
ゆるゆる　おどろ　夜の雲ダンス
おどらんかい

初演上演台本『金魚姫と蛇ダンディー』

二〇〇六年九月二十九日（金）～十月二日（月）
開演 十九時三十分（開場 十八時半）
会場 中之島公園剣先広場
　特設野外円形劇場ラフレシア
※雨天決行客席屋根あり。開場と同時にお楽しみ屋台やパフォーマンスあり。

出演者

金魚姫 佐野キリコ／蛇ダンディー 朧ギンカ／土蜘蛛親分 西田政彦（遊気舎）／死神ジミー 一快元気／

ねずみ博士　田口哲／ニンゲン国宝　斎藤勝（劇団ＡＲＫ）／うさぎ師匠　西宮久美子（フリー）／サソリ大野恵子（たなぼた）／サルー　櫟原将宏（劇鱗）／アメン坊　町本卓也（劇鱗）／カエール　澤田誠（劇鱗）／ダンゴムシ　前川哲志（劇鱗）／ホーキ鬼　森田みゆき（劇団ＡＲＫ）／ふわふわしたもの　つぐみ和（劇団ＡＲＫ）／エンドン　長山現

スタッフ

生演奏　楽楽楽団［キング堀内（ギター）・中野ネコタロー（フラットマンドリン）・動丸（トランペット）］／音響　大西博樹／照明　池辺茜（Blue,Blue.）／舞台監督　今井康平（ＣＱ）／舞台美術　西本卓也（Giant Grammy）／衣装　鈴木カオリ／制作　橋本一広（level-blue）・堀部藍（劇鱗）・佐野キリコ／制作協力　寺門孝之・mic・有限会社アートニクス・Contents Label CAFÉ／情宣美術　寺門孝之・大久保裕文（Better Days）

『金魚姫と蛇ダンディー』蛇ダンディーと死神の戦い

『金魚姫と蛇ダンディー』キセルの花火

『金魚姫と蛇ダンディー』ルーレットが始まる

『金魚姫と蛇ダンディー』土蜘蛛と金魚姫

『金魚姫と蛇ダンディー』肉月を唄う金魚姫と蛇ダンディー

あとがき

小説家の椋鳩十さんが、「感動は人生の窓を開く」という言葉を残してはる。あたしも一冊の本に出会って、この想いになった。本が好きやから、最後に、これを紹介したい。

白崎映美さんの『あったこほうさ』（ぱるす出版）は、『炎の鳥』旅公演の農閑期に読んだ。上々颱風のヴォーカリスト、白崎映美さんのエッセイ集や。山形新聞の連載記事を十三年分まとめてる。だからこそ、映美さんが暖め続けてきたこと、やってきたことが読めば読むほど沁みてくる。「あったこほうさ」は、山形の庄内弁で「あたたかい人へ」いう意味なんやて。そう知るだけで、ふわっとした気持ちになる。

感動したのは、映美さんの妄想力と実現力や。映美さんは、孤独な妄想を皆の夢にしてしまう天才や。周りの人を巻き込んで、「ヨイショ！」と次々に夢を実現して、笑顔を広げていく。その心は「みんなでちょっとずつ一緒に生きていこう」や。

楽市楽座の旅公演も、たくさんの人との出会いで生きてきた。でも、あたしらは自力で走ることに賭けるタイプや。もちろんそれも大事やけど、「みんなでちょっとずつ一緒に生きていこう」ていう思想に強烈に惹かれた。これは、映美さんが考え抜いた、幸せと平和の作り方なんちゃうやろか。今や世の中は理不尽なことだらけやけど、みんなで幸せを生み出せたら、それが平和への道になるんとちやうやろうか。

「そんなん、映美さんが人気者やからできるんやろ」て思ったら間違う。そうじゃなくて、求める想いが熱いからこそ、今の映美さんが生まれたんや。学ぶべきはそこやと思ってる。


映美さんといえば、二〇一五年の東京公演『バードフラワー』を見に来てくれはったんやった。終演後にちょこっとお話したら「大人しい人なんやなあ〜」ていう印象やった。しかし実は、映美さんは初対面で恥ずかしかったんやて。そして、二年後、『小さなオバケたちの森』で、山形県の酒田公演の時に再会した。酒田は映美さんの地元や。それはちょうど、グランドキャバレー「白ばら」を保存するクラウドファンディングが成功した時やった。受け入れさんが、「白ばらでお祝いするから来てください！」て言うてくれはった。

キャバレー白ばらで再会した時の映美さんは、みんなに囲まれてクラファンの成功を喜んではった。白いオーバーオールで黒ブチのメガネをかけて、話せばすごく気さくな人柄や。そんな映美さんに出会ったら、みんな、とたんに好きになってしまう。

そいで、酒田の日和山公園でやってた『小さなオバケたちの森』を毎日見に来てくれた。そしてなんと、小雨が降る日の舞台バラシにまでカッパ姿で現れて、「おらができることはあるかの？」なんて聞いてくれるからびっくりした。それからのお付き合いで、楽市楽座にゲスト出演してくれてはる。

ある夏の東京公演では、ちょうどオフの日に、代官山のライブハウス「晴れたら空に豆をまいて」で「白崎映美&東北6県ロールショー」のライブがあった。「ラッキー、行けるやん！」言うて、家族三人で見に行った。ライブは大迫力。酒田弁でガンガン唄ってくれるのが楽しい。味わい深すぎて、むちゃくちゃ素晴らしかった。東北6県ロールショーは、映美さんが三・一一の後に結成したバンドや。「東北のおとっつあん、おかあちゃん、みんなにいいこといっぺーこいー!」て唄い続けてはる。映美さんの歌手活動はこれだけじゃなく、流しユニットの「義理と人情」とか、酒田市のグランドキャバレー白ばらを盛り上げようとした「白崎映美&白ばらボーイズ」とか色々ある。いっつも人気でひっぱりだこや。

そんな映美さんの『あったこほうさ』を読み終えたら、そうやったんか、こうやったんかと深く深く沁みてきて、ものすごく心が動いてしまった。「みんなでちょっとずつ一緒に生きていこう」て、忌野清志郎さんの「愛し合ってるかい?」とおんなじやろ。あたしはムクムクと、楽市楽座として、あたしなりの平和を芸能で生み出せたらええなあ、と夢見てしまった。

そんなこんなで、あたしは今年の一月に、地元の現役キャバレー「グランドサロン十三」に、白崎映美&白ばらボーイズを呼んでしまった。言い出しっぺやから、あたしの企画・主催や。一年前に会場を押さえて、旅しながらコツコツ準備していった。グランドサロン十三の煌びやかさにぴったりやし、十三の仲間や大阪の映美さんファンが一緒に宣伝してくれたから、チケットは年内に売り切れて、満員御礼になった。

映美さんの「白ばら」をイメージした、銀色のドレスがステージに映える。酒田弁なのが十三の庶民的な雰囲気にぴったりや。そして、映美さんの作詞力が素晴らしい。ジャズもシャンソンも、映美さんが唄えば、なんと楽しく可笑しく、愛らしくなることか。バイオリンの片岡正二郎さんとの掛け合いも笑えるし、ダンサーの瞳ゆりさんとうつみちはるさんも、お色気たっぷりの華やかさや。

そして、二部の白ばらボーイズの演芸が、また面白くて可笑しくて、最高に素晴らしかった。ショーの要素がたくさん詰め込まれたステージに、みんな大感動。上々颱風の頃から唄ってはる『月夜のらくだは泣いているだろうか』も美しく、アンコールの『ローズ』では、涙する人多数。最後は総立ちや。

長山も、涙が止まらんぐらい感動したんやて。「こんなライブ、初めて見た、キリコ、ありがとう」て言うてくれて、胸がキュンとした。お客さんをお見送りしたら、皆さんも「ありがとう、楽しかった」て口々に言うてくれて、なんともいい笑顔で帰っていきはる。

映美さんは、ほんまにあったかい人や。みんなのためにステージに立って唄ってはる。どないしたらお客さんが喜ぶか、真剣に考えぬいて曲を作り、ライブを構成してはる。そんな映美さんとグランドサロン十三でご一緒できて、同じ舞台人として感じること、学ぶことがたくさんあった。人から見えんとこで、すごい努力をしてはる人や。

そんな映美さんが白ばらのライブで、「次は、キリコさんとダブル男役を」なんか言うてくれた。あたしはすっかりその気になってまう。白崎映美&白ばらボーイズは再演希望が多いから、来年の一月十三日に、グランドサロン十三でアンコールライブをするんやで。映美さんに、「あたし、ダブル男役、やりたいです。そいで、この曲を映美さんと一緒に唄いたいです」て映像を送ったら、「おー、やりましょう！」て言うてくれはった。やから、あたしは地元ゲストとして出演すんねん。またひとつ、夢が生まれた。嬉しいなあ。

この本も夢の結晶や。地元の出版社、藤工作所の藤原武志さんとのご縁で生まれることになった。二〇一七年に、家族三人の旅公演のことを書いた『宝の島に会いたくて』を自費出版してから、二冊目を出したいと思い続けてきた。その夢がやっと、藤原さんのおかげで叶った。

今年が野外劇団楽市楽座の十五周年やから、そのタイミングで本を作ろうと決めたのが去年の秋。出版するアテはなかったけど、原稿を仕上げたらきっと出せるはずや。そう信じて、『炎の鳥』旅公演が終わってから、猪突猛進で書いた。そしたら、藤原さんが二つ返事で引き受けてくれた。藤原さんは、本を作るのが大好きってオーラがバンバンでてる頼もしき編集者や。細部に至るまで、率直に指摘してくれた。おんなじ淀川区の住民やから、関西弁の語り口調も理解してくれる。この本が日の目を見たのは、藤原さんのおかげや。地元から本が出せるなんて思ってもなかった。そして帯の文章を、長山の旧友である多和田葉子さんが書いてくれはった。まさかこんな幸せにあずかるとは、まるで夢のようや。

それもこれも、野外劇団楽市楽座と出会って支え続けてくれた方々がいてくれたからこそ。全国各地の皆さんに、心から感謝を捧げたい。

そしてどうぞ、これからもよろしくお願いします。

楽市楽座公演一覧

百億ノ島・一ツノ海

一九九一年十一月　愛媛　内子座
　　　　十二月　愛媛　松山劇場（劇場招請）
一九九二年一月　東京　アゴラ劇場（大世紀末演劇展参加）
　　　　五月　大阪　中之島剣先公園 特設野外竹骨テント劇場

道化と詩人－薔薇の内部

一九九二年十二月　大阪　カラビンカ
一九九三年三月　大阪　ユースシアター（枚方市演劇祭MARCH演劇ZONE参加）
　　　　十月　福岡　スミックスホールESTA（北九州演劇祭参加）
一九九四年七月　福岡　博多キャビンホール
一九九七年一月　東京　アゴラ劇場

カモメ・ブルース

一九九三年五月　大阪　中之島 特設トンネル劇場
一九九四年五月　大阪　中之島剣先公園 特設野外劇場
一九九四年八月　大阪　プラネットステーション野外テント
一九九六年十一月　福岡　旧大阪商船ビル（北九州演劇祭参加）
一九九八年十二月　大阪　カラビンカ

鵺

一九九三年十月　大阪　カラビンカ

泥棒日記
一九九五年 五月　大阪　中之島剣先公園 特設野外劇場

ルシタニアの怪物
一九九五年 十月　大阪　カラビンカ
　　　　　　　　兵庫　シアターポシェット
一九九六年 三月　大阪　枚方市青少年会館小ホール（枚方市演劇祭MARCH演劇ZONE参加）

うでまくり洗吉「化粧一幕」
一九九六年 二月　兵庫　神戸長田仮設集会所

BLACK MARKET 闇の市
一九九六年 五月　大阪　中之島剣先公園 特設野外劇場

NIPPON憂歌（ブルース）
一九九六年 十月　大阪　カラビンカ

タマシイホテル
一九九八年 五月　大阪　中之島剣先公園 特設ドーム劇場「ラフレシア」（以下「ラフレシア」）※佐野キリコ入団

ジェット・ゴースター
一九九九年 十月　大阪　築港レンガ倉庫跡地「ラフレシア」（第一回野外演劇フェスティバル参加）
※佐野キリコ、長山現と入籍、萌をみごもる

黒薔薇園夜想会 -くろいばらぞのよるのゆめ
二〇〇〇年 十月　大阪　元精華小学校校庭「ラフレシア」※佐野キリコが看板女優となる

ジャングルノート
二〇〇一年 五月　大阪　中之島剣先公園「ラフレシア」

花鳥風月 桜の森
二〇〇二年 五月　大阪　中之島剣先公園「ラフレシア」

かもめ
二〇〇二年 十月　大阪　中之島剣先公園 特設野外円形劇場（第二回野外演劇フェスティバル参加）

夜の鳥がひろげる巨きな翼の下で私達は悪い夢を…
二〇〇三年 六月　大阪　南港ふれあい港館北臨時駐車場 特設野外円形劇場「ラフレシア」（以下「ラフレシア」）
（ラフレシア円形劇場祭参加）

アメリカンドリームと犬の生活
二〇〇三年 十月　大阪　中之島剣先公園「ラフレシア」（第三回野外演劇フェスティバル参加）

道化と詩人
二〇〇四年 三月　大阪　ウイングフィールド（再演大博覧会二〇〇三参加）

耳水
二〇〇四年 十月　大阪　中之島剣先公園「ラフレシア」（第四回野外演劇フェスティバル参加）

肉月
二〇〇五年 十月　大阪　中之島剣先公園「ラフレシア」（第五回野外演劇フェスティバル参加）

金魚姫と蛇ダンディー
二〇〇六年 十月　大阪　中之島剣先公園「ラフレシア」（第六回野外演劇フェスティバル参加）

金魚姫と蛇ダンディー「新春初夢福袋」
二〇〇七年 一月　大阪　音太小屋（音太小屋演劇祭参加）

金魚姫と蛇ダンディー
二〇〇七年 十月　大阪　中之島四丁目「ラフレシア」（第七回野外演劇フェスティバル参加）

金魚姫と蛇ダンディー
二〇〇八年 十月　大阪　大阪城公園「ラフレシア」（第八回野外演劇フェスティバル参加）

金魚姫と蛇ダンディー二〇〇九ファイナル
二〇〇九年 九月　東京　井の頭恩賜公園西園 特設野外円形劇場

二〇〇九年 十月　大阪　扇町公園 特設野外円形劇場（第九回野外演劇フェスティバル参加）

二〇一〇年より家族三人で日本全国旅公演を開始

鏡池物語　二〇一〇年

子宝に恵まれぬ金魚と蛇が、いたずら好きの虫と家族のような絆で結ばれていく、心暖まる音楽劇。

ツバメ恋唄　二〇一一年

旅芸人のツバメ父娘が傷ついた蝶にめぐり合い、父が恋に落ちるという、どこか哀しいドタバタ喜歌劇。

宝の島　二〇一二年

爆発を起こしたクロアリの国から逃げてきた不良少女クロが、落ちぶれた海賊ゴキブリのゴキ、最近売り出し中の海賊カマキリのカマコと出会い、宝の島を探す旅に出る。目当ての宝の島は見つけたものの…。福島第一原子力発電所の問題を風刺したファンタジー。唄あり踊りあり。大いに笑いながら、お子様からお年寄りまで楽しめる野外音楽劇。

はだかの王様　二〇一三年

アンデルセンの原作をもとにした野外音楽劇。お洒落好きなタコの王様のところに、ウミホタルと黄色いおたまじゃくしが極上の衣装を作りにやってくる。水の中の物語。

虹をわたって　二〇一四年

海の記憶を運ぶカタツムリ、脱走兵のカニ、捨てられた子猫。星降る夜、橋の下から見えた、希望の虹のお話。

バードフラワー　二〇一五年

紅孔雀は人気の役者、カエルは母を訪ねて三千里。フラミンゴダンサーは死に場所探し。おかしな三匹の向こうには、いつも海が光りだす。顔で笑って心で泣いて。この奇妙な世界を旅して、たどり着くのは…。

ヨイショ、コラショ　二〇一六年

スケ番カミキリ虫のカミキル、お色気ムンムンのジプシー金魚、妖怪みたいなヤモリ婆。残酷な平地から、バラバラに逃げてきた三匹のメス達が、山深い沼地でバッタリと。けれども、お互い言葉がぜんぜん通じなかった。芸能は世界を変えられるだろうか。

小さなオバケたちの森　二〇一七年

おかしなオバケ達がジジイのバッタと大騒ぎ。腹がへって死にそうなバッタがフラフラ冬の森。そこにはなつかしオバケたち、ウンコロガシとかタイコモチとか、ヘンなオバケがゾクゾクと、バタバタ唄って踊りだす。はたしてバッタの運命や、いかに…。抱腹絶倒、荒唐無稽の、愛の喜劇。

赤いクツ　二〇一八年

物乞いしながら旅してた、母と娘の思いはひとつ、豊かで明るいビンボー暮らし。ところが夏の路地裏で、泣き虫ジイサンが娘に贈った、それはご法度の「赤いクツ」。しかもジイサンは宇宙人？　娘は急に色気付き、恋は母を盲目に――。すべてが金儲けのこの地球で、踊り狂って、乞食バンザイ！

萌一人芝居・黄色い自転車　二〇一八年

萌が作・演出した一人芝居。二〇一八年二月に大阪・海月文庫での個展『萌いづる』で初演。その後、全国各地で上演。幼少の頃に出会った、ホームレスのおっちゃんとの思い出の物語。

かもしれない物語　二〇一九年

ドジでマヌケ、ダメダメな母ちゃんガエルに振り回される、ヨレヨレのイボガエル、恥ずかしがり屋の乙女ガエル、チンピラ気取りの青ガエル。季節のまつりをめぐりながら、どんどん貧乏で幸せになっていく。ちょっと児童劇な、ドタバタ音楽ファンタジー。※十周年で家族四人になった記念公演！

土のアワ　二〇二〇年

新婚ユニット☆トビ座☆初演目。萌&佑之助、作・演出・音楽。母ちゃんから放たれた胞子が旅してキノコになり、森でさまざまな生き物に出会う。森の豊かなイノチの循環を描いた物語。２月に大阪で初演し、神戸二カ所、京都、名古屋、神奈川、甲府、東京二カ所で上演！

うたうように　二〇二〇年

この世界がどない始まったんかいう、大昔話。遠い遠い大昔、闇も光もない中で、「うた」だけが響いておったそうな。そのうたを聞こうと集まった闇が石になり、残った光が火になった。二匹ともどっか年寄りくさかったが、そこに水と風がやってきて…。バカバカしくも、心暖まる、ふしぎな現代神楽劇。※萌と佑之助が退団。

夫婦二人で前代未聞の全国旅公演を続行！

ゆりあげ　二〇二二年

波に揺りあげられたクラゲとウミガメ。満月に照らされ、潮騒に包まれて、二匹は恋に落ちちゃった。深い溜息、溢れる鼻水、滴る涎、激しい漕ぎ足！恋に溺れた二匹は、夜に開く妖しい夢の中へ。二人になった楽市楽座のメオトが贈るラブファンタジー！

炎の鳥　二〇二三年

舞台はスペインの田舎町。北へ飛べなくなったツルのババアおつうは初めて見る夏の美しさに心打たれる。ところが、恋するために南から古里に戻ってきたツバメのソウル・ノーバは以前とは違う花畑のような風景にとまどった。本来なら出会うはずがなかった二羽の渡り鳥がくり広げる、二次元から三次元を夢見るミステリアスで情熱的な野外音楽ファンタジー！

ドリームタイム（全国旅公演十五周年記念公演！）　二〇二四年

金魚姫と蛇ダンディはススキヶ原の鏡池で出会い、恋に落ちてしまう。ドジでマヌケでうぬぼれ屋の二匹は、赤い糸で結ばれて、世界中を旅していく。けれども今、二匹はタマシイとなって宇宙を旅しているのであった。まるで夢の中でもうひとつのカラフルな夢を見ているような…。宇宙も星も、時間も命もクルクル回る、おかしな現代神楽劇！

佐野キリコ

一九六七年三月、おぎゃあと誕生。七歳で宝塚歌劇団の『ベルサイユのばら』に出会い憧れる。商業演劇やミュージカルの観劇にも恵まれ、舞台人を夢見て育つ。

二十一歳から三年間、社会人劇団に所属。二十四歳で自主企画『はだしで散歩』（作 ニール・サイモン）で初主演。芝居屋さんプロデュースの二人芝居『眠っちゃいけない子守唄』で相手役に抜擢され、以降、関西小劇場界でフリーの役者になる。この時期の主演作品に『マッチ売りの少女』（作 別役実／演出 田口哲）、二人芝居『あたま山心中』（作 竹内銃一郎／演出 大竹野正典）などがある。犬の事務所（現くじら企画）『ドアの向こうの薔薇』ほか、客演多数。

一九九九年、楽市楽座に入団。看板女優になる。同年、『寅さんに会いたくて』（作・演出・主演 佐野キリコ）を上演。リリー役でスペース・ゼロ女優賞受賞。

二〇〇六年、一人芝居『小説歌劇 桜の森の満開の下』（原作 坂口安吾／演出 西田シャトナー）、元タカラジェンヌの紫城いずみ氏、マイム俳優のいいむろなおき氏と共演した『化石に関する五つの寓話』（作・演出 西田シャトナー）を上演。同年、楽市楽座『金魚姫と蛇ダンディー』の金魚姫役で飛田演劇賞 女優賞受賞。

二〇一〇年から、野外劇団楽市楽座で全国旅公演を開始。旅芸人となる。

ドリームタイム

野外劇団楽市楽座 明日を占う投げ銭の旅

発行日 2024年5月31日 初版

著者 佐野キリコ

発行者 藤原武志

発行所 株式会社 藤工作所
〒555-0011
大阪市西淀川区竹島5-7-4-2F
TEL 06-6472-0606
E-mail info@fujiworkshop.jp

落丁・乱丁の本はお取り替えします。

ISBN978-4-908456-02-2 C0074